Be Prepared For Life

Der ultimative Ratgeber

für das Leben nach der Schule

Dr. Andreas Koch

Die wichtigsten Dinge,

die du nicht
in der Schule lernst und

deine Eltern oftmals
vergessen dir mitzugeben.

Bibliografische Information der Deutschen Nationalbibliothek:
Die Deutsche Nationalbibliothek verzeichnet diese Publikation in der
Deutschen Nationalbibliografie; detaillierte bibliografische Daten sind im
Internet über http://dnb.dnb.de abrufbar.

Herstellung und Verlag: BoD – Books on Demand, Norderstedt

ISBN: 978-3-7519-5968-1

VORWORT

Ich kenne kaum jemanden, dem es nicht so ergangen ist. Meist kurz vor Ende der Schulzeit plagen einen diese grundlegenden Fragen:

- Was kommt eigentlich nach meinem Schulabschluss?
- Welche Möglichkeiten habe ich mein Leben zu gestalten?
- Wie kann ich mein eigenes Geld verdienen und zielgerichtet anlegen?
- Was sollte ich wissen über die alltäglichen Dinge des Lebens?
- Wie schütze ich bestimmte Bereiche meines Lebens?
- Welche Versicherungen sind dafür notwendig und welche überflüssig?
- Welche Entscheidungen sollte ich bereits heute treffen?
- Welche sonstigen Themen sollte ich kennen und welches Grundwissen sollte ich hierzu haben?

Antworten auf diese Fragen findet man nicht im Lehrplan der Schule. Auch Eltern fokussieren sich meist primär auf die grundlegende Bildung ihres Kindes und versäumen dabei auch das Wissen um die alltäglichen Dinge an ihre Kinder weiterzugeben. Dies machen Eltern nicht bewusst, sondern vergessen einfach, dass Jugendliche oder junge Erwachsene zu bestimmten Themen (Jobsuche, Versicherungen, Geldanlage, etc.) einfach noch keinen Bezug haben. Somit fehlt vielen jungen Erwachsenen im Alter von 16 bis 24 Jahren ein bestimmtes Grundwissen zu wichtigen Begleitthemen des Alltags.

Selbstverständlich kannst du nach deiner Schulzeit eine oder mehrere Fremdsprachen. Du beherrschst die Wahrscheinlichkeitsrechnung, genauso wie das Periodensystem und kennst die wichtigsten historischen Ereignisse der Welt aus dem Geschichtsunterricht. All dieses Wissen ist sinnvoll und bietet dir eine sehr gute Grundlage für dein weiteres Leben. Zudem hat unser Schulsystem in Deutschland neben der reinen Wissensvermittlung vor allem das übergeordnete Ziel dir Lernmethoden an die Hand zu geben, die dich dein Leben lang positiv begleiten werden. Zu wissen, wie man lernt und woher man die notwendigen

Informationen und Antworten herbekommt, wird dein Leben tiefgreifend prägen. Dennoch gibt es eine Reihe essentieller Dinge, die du wissen solltest, um dein Leben nach deiner Schulzeit eigenständig zu meistern. Dazu fällt mir eine Reihe von konkreten Fragen ein, die ich mir in diesem Abschnitt meines Lebens gestellt habe:

- Soll ich eine Ausbildung machen oder doch studieren?
- Wie sinnvoll ist ein Auslandsjahr nach der Schule?
- Wie finde ich einen passenden Job?
- Wie kann ich überhaupt Geld verdienen?
- Welche Möglichkeiten gibt es, um Geld anzulegen und mit welchen Risiken?
- Welche Versicherungen sollte ich kennen und welche sind wichtig für mich?
- Was muss ich bei meiner ersten Wohnung unbedingt beachten?
- Welche Dinge sollte ich beim Kauf meines ersten Autos unbedingt beachten?
- Was muss ich zum Thema Steuererklärung wissen?

Ich hätte mich damals sehr darüber gefreut mit einem einzigen Buch Antworten auf diese Fragen zu bekommen. Und genau das ist mein persönliches Ziel mit diesem Buch. Ich möchte dir die Möglichkeit geben ein Grundwissen zu bestimmten und für dein Leben grundlegenden Dingen zu erlangen, die weder deine Schule noch deine Eltern bisher thematisiert haben.

Dabei habe ich nicht das Bestreben, dass das Buch dir alle Fragen zu deinem jetzigen Lebensabschnitt beantwortet (das wäre vermessen!). Auch möchte ich dir keinen Lösungsweg vorgeben und behaupten, dass es auf bestimmte Fragen nur eine richtige Antwort gibt. Viel wichtiger ist es aus meiner Sicht dir ein Grundwissen zu diesen Themen zu vermitteln und dir deine aktuellen Möglichkeiten aufzuzeigen. Zusätzlich werde ich dir verraten, welche Fehler du vermeiden solltest und wie du dich zu diesen Themen auf dem Laufenden halten kannst. Somit verfügst du nach dem Lesen dieses Buches über ein solides Grundwissen, mit dem du deine aktuellen Lebensentscheidungen selbstständig und mit gutem Gewissen treffen kannst.

Für die meisten Themen gilt, dass sie meist nach deinem Schulabschluss zum ersten Mal für dich in deinem Leben wichtig werden und dich danach ständig begleiten. Diese Themen werden in deinem Leben hoffentlich nicht den höchsten Stellenwert bekommen, dennoch sind sie wichtig für dich und deine ganz persönlichen Lebensentscheidungen. Fehlt dir zu diesen Themen ein Grundwissen, gehst du ohne es zu Wissen sehr leichtsinnig große Risiken ein. Nicht jedes Angebot ist ein gutes und nicht jede Versicherung ist unbedingt notwendig. Informiere dich stets vor jeder Entscheidung, welche Dinge wichtig sind und hole stets mehrere Angebote bzw. Meinungen dazu ein.

Verfügst du im Bereich Finanzen über kein ausreichendes Grundwissen, verpasst du zudem auch unbewusst Möglichkeiten, die du nutzen solltest, um dein Geld sinnvoll anzulegen. Nicht jede Form der Altersvorsorge ist sinnvoll und schützt dich ausreichend im Rentenalter. Eine private Altersvorsorge ist heutzutage viel wichtiger geworden, als noch vor zehn oder zwanzig Jahren. Bestimmte Vorsorgemodelle deiner Eltern sind demnach nicht mehr zeitgemäß. In diesem Bereich solltest du auch die Ratschläge deiner Eltern kurz in Frage stellen und prüfen, ob sich die Dinge nicht grundlegend geändert haben.

Und das wichtigste ist, dass du heute die Weichen für bestimmte Themen stellen musst, um in deiner zweiten Lebenshälfte davon zu profitieren. Wer zu spät anfängt sich für diese Themen zu interessieren, dem stehen bestimmte Möglichkeiten einfach nicht mehr oder nicht in vollem Umfang zur Verfügung. Daher freut es mich umso mehr, dass du dich für dieses Buch entschieden hast, um dich jetzt zu informieren und um jetzt deine Entscheidungen eigenständig treffen zu können.

Jedes Leben ist dabei einzigartig und auch du wirst deinen eigenen Weg finden und gehen! Erlaube dir grundsätzlich Fehler in deinem Leben zu machen, um lebenswichtige Erfahrungen zu sammeln. Dies gilt aber nicht für unnötige

Fehler zu den Kernthemen dieses Buches. Hier gilt es dich zu informieren und bestens vorzubereiten, um eine gute Lebensgrundlage zu haben und diese langfristig zu verbessern!

Ich hoffe, dass dieses Buch dir in deinem ersten eigenverantwortlichen Lebensabschnitt eine große Hilfe ist. Viel Spaß beim Lesen!

Dr. Andreas Koch

Inhaltsverzeichnis

Eine erste Übersicht

Wie jedes andere Thema lässt sich auch dein Leben in viele verschiedene Bausteine unterteilen, die man kategorisieren und priorisieren kann. Dabei ist es jedem freigestellt sein Leben eigenständig zu ordnen und bestimmten Themen mehr oder weniger Beachtung zu schenken. Dennoch gibt es eine Handvoll sogenannter Lebensbausteine, die jeden betreffen und mit denen jeder sich im Laufe seines Lebens mal mehr und mal weniger intensiv beschäftigt. Zu diesen Lebensbausteinen zählen aus meiner Erfahrung vor allem folgende:

Familie   Gesundheit

Bildung   Schutz   Finanzen

Arbeit   Wohnen

Nicht alle Lebensbausteine sind für dich in deinem aktuellen Lebensabschnitt neu, sodass ich vor allem auf die Lebensbausteine eingehen möchte, die dich erstmalig intensiv beschäftigen. Hierfür ist ein Grundwissen aus meiner Sicht extrem hilfreich, um Fehler zu vermeiden. Im folgenden Abschnitt möchte ich dir kurz die einzelnen Lebensbausteine erläutern und erklären, warum ich auf manche Lebensbausteine gezielt eingehe und auf manche verzichte.

Familie

Jeder Mensch hat bereits zum Zeitpunkt seiner Geburt seinen ersten Lebensbaustein vorliegen - seine Familie. Angefangen bei deinen Eltern, über deine Geschwister und deine Großeltern, bis hin zu deinen Tanten und Onkeln, werden dich diese Personen über einen langen Lebensabschnitt begleiten und dich (ob du es willst oder nicht) prägen. Jeder, der über eine intakte Familie verfügt, kann viel Kraft für sein Leben daraus ziehen. In diesem Buch werde ich, trotz der hohen Bedeutung dieses Lebensbausteins für dich, nicht auf das Thema „Familie" tiefer eingehen.

Jede Familie ist so unterschiedlich, dass es unmöglich ist einen kompakten Ratgeber zu verfassen, der dich wirklich zu diesem Thema weiterbringt. Außerdem möchte ich dir in deinem jetzigen Lebensabschnitt eine Hilfestellung zu den Themen geben, die vollkommen neu für dich sind und zu denen du noch kein wirkliches Grundwissen hast. Daher verbleibt es mir an dieser Stelle nur zu hoffen, dass dein Lebensbaustein „Familie" intakt ist und du ausreichend Kraft daraus ziehen kannst für die weiteren Lebensbausteine, die sich jetzt in deinem Leben ändern oder zum ersten Mal deine volle Aufmerksamkeit verlangen.

Gesundheit

Deine Gesundheit ist unbezahlbar und neben deiner Familie der wichtigste Lebensbaustein, da ohne eine intakte Gesundheit alle weiteren Lebensbausteine ebenfalls ihre Grundlage verlieren und akut gefährdet sind. Daher sollte deine Gesundheit stets einen sehr hohen Stellenwert in deinem Leben einnehmen. Beschreite dein Leben mit einer positiven und solidarischen Haltung, halte dich fit und achte auf deine Ernährung und stets auch auf deine seelische Verfassung (sehr wichtiger Punkt!).

Was so einfach klingt ist für den einen oder anderen nicht selbstverständlich und manchmal ein harter Kampf. Vor allem auf die eigene Psyche achten die wenigsten Menschen und fragen sich, warum Sie in bestimmten

Lebensabschnitten nicht wirklich glücklich sind. Daher rate ich dir an dieser Stelle stets auf deinen Körper und deine Psyche zu achten und fortlaufend beide Bereiche auf den Prüfstand zu stellen. Nur wer sich ab und zu mal selbst hinterfragt und analysiert, kann die richtigen Schlüsse daraus ziehen und Dinge positiv verändern.

Mehr Ratschläge möchte ich dir an dieser Stelle nicht geben, da das Thema so divers diskutiert werden kann, dass die Erstellung eines Kurzratgebers zu diesem Thema ebenfalls zu ambitioniert wäre. Also ab zum nächsten wichtigen Lebensbaustein.

Bildung

Sich fortlaufend und lebensbegleitend Wissen anzueignen ist aus meiner Sicht einer der wichtigsten Aufgaben in deinem Leben. Jede Form von Wissen kann dir zu bestimmten Themen deines Lebens eine sehr große Hilfe sein und dich vor Fehlentscheidungen bewahren. Sich zu bilden bzw. weiterzubilden hört nicht nach der Schule abrupt auf, sondern fängt gerade erst richtig an! Jeder bildet sich unbewusst ständig - mal mehr und mal weniger sinnvoll. Dennoch ist jede Aufnahme von Information erstmal ein Zuwachs von Wissen und somit ein Beitrag zu deiner persönlichen Bildung.

Unterschätze in der heutigen Wissensgesellschaft das Thema und deinen Lebensbaustein „Bildung" nie. Sowohl im beruflichen als auch im privaten spielt deine Bildung eine essentielle Rolle auf dem Weg zu deinen Erfolgen. Bleib daher vor allem nach deiner Schulzeit wissbegierig und informiere dich stets über die Themen, die dein Leben direkt betreffen. Aufgrund der Wichtigkeit dieses Themas für deine Zukunft habe ich das nächste Kapitel dem Thema „Deine Weiterbildung" gewidmet und werde dir Antworten zu den wichtigsten Fragen liefern.

Finanzen

Über ausreichend Finanzmittel zu verfügen ist nicht selbstverständlich und keine temporäre Aufgabe deines Lebens. Vor allem das Thema Geld wird dich dein Leben lang begleiten. Als Zahlungsmittel kann Geld für viele Bereiche deines Lebens sinnvoll eingesetzt werden. Du kannst dir eine eigene Wohnung leisten, dir ein neues Auto gönnen oder auf Reisen gehen. Geld gibt dir aber auch eine gewisse Sicherheit, solltest du mal in gesundheitliche Schwierigkeiten kommen und bestimmte fachärztliche Behandlungen selbst zahlen müssen.

Unter dem Begriff „Finanzen" fasse ich aber nicht nur Geld als Zahlungsmittel, sondern auch Aktien oder Kapitalanlangen im Immobiliensektor. Viele kennen nur die üblichen Möglichkeiten Geld anzulegen und informieren sich vor allem aus Unkenntnis heraus nicht, welche teilweise neuen Möglichkeiten es gibt seine Finanzen zu steuern und zu optimieren. Aus meiner persönlichen Erfahrung kann ich an dieser Stelle sagen, dass jeder ein bestimmtes Grundwissen über das Thema „Finanzen" haben sollte, um frühzeitig die Weichen für bestimmte Themen, wie z. B. Hauskauf oder Altersvorsorge, stellen zu können. Im Kapitel „Deine Finanzen" werde ich versuchen dir einen kurzen Überblick zu den wichtigsten Fragen und Antworten zu verschaffen.

Arbeit

Wenn du den passenden Job für dich gefunden hast, wird deine Arbeit dir nicht nur ein Gehalt verschaffen, sondern du wirst eine essentielle Lebensaufgabe haben, die dich im besten Fall persönlich erfüllt. In den meisten Fällen verbringen Menschen 8 Stunden ihres 24-Stunden-Tages mit ihrer Arbeit. Zieht man die Schlafzeit (angenommen ebenfalls 8 Stunden) ab, verbringt man 50 % seiner wachen Tageszeit mit seiner Arbeit. Das ist enorm! Und daher ist es auch so wichtig für dich und deine Zufriedenheit in deinem Leben, dass du den passenden Job für dich findest.

Lass dich dabei nicht verlocken einen gutbezahlten Job anzunehmen, der dich letztendlich nicht erfüllt und dein Privatleben langfristig ruiniert. Sei daher mutig auf der Suche nach dem passenden Job für deine Fähigkeiten und Interessen. Deine Zufriedenheit und dein Glücksempfinden hängen stark von diesem Thema ab, sodass du stets diesen Lebensbaustein im Auge behalten und ihm immer ein ausreichendes Maß an Aufmerksamkeit schenken solltest.

Wie bereits im Vorwort erwähnt gibt es Themen, bei denen du die Ratschläge deiner Eltern kritisch prüfen solltest. Eltern meinen es zwar nur gut, wenn sie sagen „Lerne was Anständiges!" oder „Gehe keine Risiken ein - Sicherheit im Job ist das Wichtigste!" oder „Du musst nicht weit wegziehen, um einen guten Job zu finden!". Jedoch haben sich bestimmte Dinge in den letzten Jahrzehnten stark verändert und das betrifft vor allem das Arbeitsleben. Es ist eher die Ausnahme, dass heute noch jemand in einem Unternehmen seine Karriere beginnt und dort bis zu seiner Rente treu verweilt. Bestimmte Berufe gibt es nicht mehr, dafür sind neue geschaffen worden.

Es ist daher vollkommen klar, dass deine Eltern dir Berufe vorschlagen bzw. empfehlen, die zu ihrer Zeit anerkannt und renommiert waren. Viele der neuen Berufe, vor allem im Bereich der Digitalisierung, kennen deine Eltern schlichtweg nicht. Es gab früher noch keinen „Feel Good Manager", keinen „VA - Virtueller Assistent", kein „Konzepter Digitales Lernen" oder keinen „Social Media Strategist".

Es ist also aus meiner Sicht extrem wichtig ein aktuelles Grundwissen zum Thema „Arbeitswelt" zu haben. Viele berufsweltbedingten Veränderungen aufgrund der Digitalisierung haben erst begonnen und es werden noch viele die Berufswelt langfristig beschäftigen und umkrempeln. Daher gehe ich im Kapitel „Dein erster Job" auf dieses Thema tiefer ein, um dir Möglichkeiten rund um deine Karriere zu geben.

Wohnen

Jeder Mensch braucht ein Dach über dem Kopf. Was so einfach klingt, ist oft komplizierter als mancher meint. Die Frage nach dem Ort, der Größe der Wohnung, der Finanzierbarkeit und vor allem die Frage alleine oder als Wohngemeinschaft (kurz: WG). Diese Fragen kommen oftmals direkt nach deiner Schulzeit zum ersten Mal auf dich zu, da du in diesem Lebensabschnitt meist nur noch ungern bei deinen Eltern wohnen möchtet oder es deine Ausbildung oder dein Studium schlichtweg nicht mehr erlauben. Ein Stück Freiheit muss her und dazu gehört in den meisten Fällen deine erste eigene Wohnung. Worauf du bei deinem ersten Mietvertrag achten solltest und ob es sich grundsätzlich eher lohnt zu kaufen anstelle zu mieten, erkläre ich dir im Kapitel „Deine erste Wohnung" ausführlicher.

Schutz

Unter dem Begriff „Schutz" sind alle Maßnahmen zusammenzufassen, die alle deine oben genannten Lebensbausteine schützen. Primär geschieht das über Versicherungen, die dir beim Eintreten eines vorher definierten Ereignisses, einen Schutz (meist finanziell) bieten. Was so einfach klingt, ist oftmals hoch komplex. Immer neue Versicherungsarten werden erfunden und auch im Bereich der Versicherungen krempelt die Digitalisierung einiges um (z. B. mit Service-Apps).

Eine neue Versicherung abzuschließen oder all deine Versicherungen zu verwalten ist mittlerweile über zahlreiche unternehmensgebundene oder unabhängige Apps möglich. Auch hier lohnt es sich ein bestimmtes Grundwissen zur aktuellen Lage zu haben, um keine unnötigen Versicherungen abzuschließen oder wichtige zu vergessen.

Der Schutz deiner Lebensbausteine durch bestimmte Versicherungen ist aus meiner Sicht immens wichtig. Viele finden das Thema eher langweilig und erkennen nicht die Wichtigkeit für ihr eigenes Leben. Dies hat vor allem den

Grund, dass man die Wichtigkeit erst erkennt, wenn ein negatives Lebensereignis (wie z. B. eine Berufsunfähigkeit nach einem schweren Unfall) eintrifft und man den Schutz auch wirklich braucht. Wer an dieser Stelle in der Vergangenheit nicht vorgesorgt hat, spielt mit seiner Existenz und buchstäblich mit seinem Leben.

Im Kapitel „Deine Versicherungen" werde ich dir daher das Thema „Versicherungen" grundlegend näherbringen und dir meine Einschätzung vermitteln, welche Versicherungen sehr wichtig, welche optional und welche für dich verzichtbar sind.

Meine Auswahlkriterien

Wie du bereits gemerkt haben solltest, gibt es eine Vielzahl an Themen, die extrem wichtig sind für dein Leben und über die du nach meiner Erfahrung stets ein Grundwissen haben solltest. Zu jedem Einzelthema gibt es zusätzlich unzählige und tiefgründige Ratgeber, falls du dir nicht nur ein Grundwissen, sondern eher ein Expertenwissen aneignen willst. Hierzu zählen u. a. bekannte Gesundheitsratgeber (z. B. *Der Ernährungskompass* von Bas Kast, erschienen im Bertelsmann Verlag), Bücher zum Thema Börse/Aktie (z. B. *Börse leicht verständlich* von Rolf Morrien und Judith Engst, erschienen im FinanzBuch Verlag), Bücher zum Selbstmanagement (z. B. *Die 7 Wege zur Effektivität* von Stephen R. Covey, erschienen im GABAL Verlag) oder Bücher zum Thema Wohnimmobilien (z. B. *Geld verdienen mit Wohnimmobilien* von Alexander Goldwein, M&E Books).

Wie bereits erwähnt begleiten dich die Lebensbausteine „Familie", „Gesundheit" und „Bildung" schon seit deiner Geburt und sind teilweise so komplex und für jeden von uns so unterschiedlich, dass ich auf diese Themen kaum bzw. nicht in diesem Buch eingehen möchte. Die weiteren Themen „Arbeit", „Wohnen", „Finanzen" und „Schutz" (Versicherungen) begegnen dir erstmals nach deinem Schulabschluss, sodass du dir dringend ein Grundwissen aneignen solltest, bevor du unüberlegt Entscheidungen triffst, die du in einem späteren Lebensabschnitt bereuen wirst.

In den folgenden Kapiteln dieses Buches werde ich genau auf diese Themen im Einzelnen eingehen und dir versuchen ein Grundwissen zu vermitteln. Dabei sind alle Themen auf unterschiedliche Art und Weise miteinander verbunden und es bestehen direkte Abhängigkeiten, die dir stets bewusst sein sollten. Dein persönliches Lebensglück hängt direkt von diesen Lebensbausteinen ab und wie gut du dich um die einzelnen Lebensbausteine kümmerst. Fällt ein Baustein über längere Zeit aus oder gibt dir nicht die notwendige Sicherheit, macht sich dieser Zustand negativ in deinem Leben bemerkbar.

Dem Baustein „Bildung" kommt aus meiner Erfahrung eine Schlüsselrolle zu, da du dir mit gezieltem Wissen selbst helfen kannst, andere Lebensbausteine aufzubauen, zu verbessern oder zu reparieren. Auch um deinen Lebensbaustein „Finanzen" solltest du dich mit Sorgfalt und Fachwissen kümmern, da viele lebensnotwendige Dinge und persönliche Wünsche nur mit ausreichend Finanzmitteln realisiert werden können. Ich wünsche dir an dieser Stelle einen guten Start in dein Leben und dass du bestimmte Lebensbausteine mit diesem Buch gut managen kannst.

DEINE WEITERBILDUNG

Wissbegier in Zeiten digitaler Medien

Ich kann aus meiner Erfahrung nur jedem raten sich ständig weiterzubilden, egal für welchen Lebensweg du dich entscheidest und wie deine Karriereplanung hinsichtlich Ausbildung oder Studium aussieht. Das bedeutet nicht, dass du täglich vor einem trockenen Buch sitzen musst, sondern viel mehr, dass du wissbegierig durch dein Leben gehen solltest und aufkommenden Fragen direkt nachgehst.

In der heutigen Zeit ist Wissen ein entscheidender Baustein für deinen Erfolg - und das vollkommen unabhängig vom Thema. Nie war es in der Geschichte so leicht wie heute sich zu bilden und sein Wissen kontinuierlich zu vermehren. Online-Suchmaschinen wie „Google" oder Online-Plattformen wie „Wikipedia" oder „YouTube" erlauben es dir extrem einfach und schnell an Wissen zu kommen. Lernvideos erfahren seit Jahren einen großen Hype, da sie jedes Thema leicht erklären und es dir ermöglichen bestimmte Dinge einfach nachzuahmen oder direkt zu verstehen.

Die Art, wie wir lernen und welche Medien wir dafür nutzen, ändert sich rasant. Wir werden vermehrt digitale Lernmöglichkeiten nutzen und haben die Möglichkeit ständig und von überall auf der Welt auf Wissen zuzugreifen. Es war daher noch nie so einfach Bildung zu erlangen und bestimmtes Wissen für sich zu nutzen. Dies ermöglicht es dir zu jedem Thema ein bestimmtes Grundwissen schnell aufzubauen und dieses kontinuierlich zu aktualisieren. Mein eindringlicher Rat an dich: Nutze diese Chance!

Du musst keinem Werbeversprechen oder keinen selbsternannten Fachexperten mehr blind vertrauen, sondern hast die Möglichkeit dir selbst ein Bild von bestimmten Dingen zu machen. In der Industrie spricht man daher vom „mündigen Kunden" bzw. „mündigen Verbraucher", der sich meist vorab informiert, bevor er einen Kauf tätigt oder einen Vertrag unterschreibt. Online-Vergleichsportale oder Online-Testberichte fördern dies, indem sie dich informieren, ob ein Vertragsangebot gut, ein Preis gerechtfertigt oder eine Ware qualitativ hochwertig ist. Märkte werden transparenter und Kunden informierter. Dies gilt auch für alle weiteren Themen dieses Buches!

Nutze diese neuen Möglichkeiten, sei aber stets vorsichtig und prüfe deine Informationsquellen sorgfältig. Auch Wikipedia-Einträge sind aufgrund ihrer unterschiedlichen und amateurhaften Quellen nicht immer ganz korrekt oder aktuell. Dies gilt ebenfalls für Empfehlungs- und Lernvideos auf YouTube. Auch Vergleichsportale haben ein Geschäftsmodell, das nicht immer darauf abzielt, dir wirklich das wirtschaftlichste Angebot anzubieten. Bleib dein ganzes Leben lang kritisch und hinterfrage stets deine Quellen. Vertraue eher offiziellen Kanälen der Bundesregierung oder sonstigen bekannten Medien (wie z. B. der Süddeutschen Zeitung, der Frankfurter Allgemeinen Zeitung, der Welt, etc.), anstelle von Facebook-Posts, die teilweise vom Verfasser gezielt sogenannte „Fake-News" verbreiten.

Das Internet fördert jeden Tag die Bildung der Menschen und ist zugleich ein sehr gefährliches Instrument für diejenigen, die die Welt negativ verändern wollen. Ein kritischer Umgang mit Meinungen und Angeboten ist online mindestens genauso wichtig wie offline. Daher hier mein erster, wichtiger Ratschlag für dich: Schaffe dir stets eine ausreichende Entscheidungsgrundlage bevor du einen Vertrag unterschreibst oder ein Angebot annimmst!

Aber warum erzähle ich dir das und warum am Anfang dieses Buches?

Damit du verstehst, dass ein ständiges Informieren und Hinterfragen sinnvoll ist und essentiell für das Treffen wichtiger Entscheidungen - vollkommen egal zu welchem Thema. Dein aktueller Lebensabschnitt ist geprägt von Fragen, die es zu klären gilt. Die Antworten und Möglichkeiten, die es heute auf deine Fragen gibt, könnten bereits morgen schon nicht mehr aktuell sein. Daher ist es aus meiner Sicht sehr wichtig informiert zu sein und es fortlaufend zu bleiben. Mit diesem Buch hast du einen ersten wichtigen Schritt gemacht, dich über diese grundlegenden Themen deines Lebens zu informieren.

Reiselust vs. Karriere?

Bildung bedingt nicht nur dein fachliches Wissen, sondern vor allem auch deine persönliche Weiterentwicklung. Wenn du zum Beispiel planst nach deiner Schulzeit ein Jahr durch die Welt zu reisen und neue Kulturen und Sprachen kennenzulernen - tu es! Viele haben Angst, dass dieses Reisejahr Ihnen verloren geht im Hinblick auf Ihre Karriere. Man bekommt Angst gegenüber den Schulkameraden ein Jahr zu verlieren und somit ein Jahr später die Ausbildung oder das eigene Studium anzutreten. Bei gleichem Ausbildung- bzw. Studienverlauf bedeutet das, dass meine Schulkameraden ein Jahr vor mir im Job sind und ihr eigenes Geld verdienen. Klingt erstmal logisch, berücksichtigt aber einen sehr wichtigen Aspekt nicht - deine persönliche Weiterentwicklung.

Dein späterer Lebenslauf wird von Chefs nicht nach der Geschwindigkeit deiner Abschlüsse bewertet, sondern vielmehr interessieren sich Chefs für deine persönlichen Kompetenzen und wie du dir diese angeeignet hast. Es stimmt, dass lange Pausen zwischen zwei Lebensabschnitten im Lebenslauf erstmal negativ auffallen, aber es wirft auch folgende Fragen auf:

- Was hat die Bewerberin bzw. der Bewerber in dieser Zeit gemacht?
- Hat sie/er sich persönlich weiterentwickelt und Zusatzqualifikationen angeeignet, die wir für unser Unternehmen nutzen können?
- Hat sie/er Mut bewiesen und ein hohes Maß an Selbstständigkeit entwickelt?

Die Arbeitswelt wird immer komplexer und fordert viel Engagement, Selbstvertrauen, Eigenständigkeit, Mut und auch Durchsetzungswillen von dir. Hinzu kommt eine immer globalere Ausrichtung international tätiger Firmen. Persönliche Kompetenzen hinsichtlich kultureller Erfahrungen durch einen Auslandsaufenthalt werden stets positiv von Arbeitgebern bewertet. Eine fremde Sprache und Kultur verlangen immer einen gewissen Mut und Offenheit. Diesen Mut und diese Offenheit sind es, die Arbeitgeber beeindrucken und positiv honorieren. Jeder, der mal eine längere Zeit im Ausland verbracht hat, weiß, dass immer gewisse Probleme auftreten werden - sprachlich, kulturell oder organisatorisch. Diese Probleme zu meistern und somit seinen eigenen Horizont zu erweitern wird sehr positiv von potentiellen Arbeitgebern bewertet.

Im besten Falle hat das Unternehmen sogar genau in diesem Land einen wichtigen internationalen Standort und schätzt deine bereits erworbenen, kulturellen Erfahrungen. Ich habe es auch schon erlebt, dass ein Chef eine sehr persönliche und eher private Beziehung zu einem Land hatte und somit nicht nur ein gutes Einstiegsthema ins Bewerbungsgespräch gefunden war, sondern sich vielmehr eine Grundsympathie für das Bewerbungsgespräch entwickelte. Das kann der entscheidende Türöffner zu deinem Traumjob sein.

Somit ist ein Auslandsjahr, das gezielt dafür genutzt wird, um seine persönliche Weiterentwicklung fortzuschreiben, sinnvoller, als ohne diese Erfahrung seinen Abschluss ein Jahr früher in Händen zu halten. Es gilt natürlich die Bedingung, dass das Auslandsjahr nachweislich sinnvoll genutzt wurde, z. B. um eine fremde Sprache zu erlernen, ein Praktikum zu absolvieren oder über kleinere Jobs seinen Lebensunterhalt im Ausland selber verdienen zu können (Nachweis für ein hohes Verantwortungsbewusstsein und Selbstständigkeit). Eine „Spaßtour" mit seinen Freunden, deren Mittelpunkt aus Partys und Nachleben besteht, zählt natürlich nicht zur Kategorie „persönliche Weiterentwicklung".

Ich selbst habe für ein Praktikum ein halbes Jahr in China (Shenzhen) verbracht und möchte diese Zeit nicht missen. Dabei ist ein fester Wohnsitzwechsel nicht mit einem längeren Urlaub vergleichbar. Viele Herausforderungen und Probleme treten erst auf, wenn man über einen größeren Zeitraum fest im Ausland wohnt und auch dort arbeitet. Ich musste meinen eigenen Lebensunterhalt in einem vollkommen fremden Land sicherstellen, ohne die Sprache zu können oder die Schriftzeichen zu verstehen. Einkaufen war daher eher ein Abenteuer, genauso wie die ab und an notwendigen Taxifahrten. Meist bat ich meine Kollegen oder Mitbewohner mir die Adresse auf ein Blatt zu schreiben, das ich dann dem Taxifahrer vorzeigen konnte. Die Fähigkeit fremden Menschen vertrauen zu können, musste ich also schnell lernen.

Ich habe neben den sehr vielen, positiven Erfahrungen, auch Fremdenfeindlichkeit zum ersten Mal selbst erfahren. Dies möchte ich persönlich nicht missen, da es mir unfreiwillig einen Perspektivwechsel ermöglichte, der zum Nachdenken anregt, wenn in Deutschland fremdenfeindliche Vorfälle ereignen. Ich habe gelernt Menschen offener zu begegnen und andere Kulturen ebenso schätzen zu lernen, wie meine eigene. Ich war nicht mit allen Handlungen und Haltungen der Menschen vor Ort einverstanden, lernte aber die Hintergründe kennen und baute ein gewisses Verständnis für deren Lebenssituation und Sichtweise auf.

Mein Auslandsaufenthalt war eine unvergessliche Zeit mit einer Fülle von Erfahrungen und Lehren, die ich mein ganzes Leben nicht vergessen werde und die mir mehrmals in Bewerbungsgesprächen positiv geholfen haben. Ich kann nur jedem empfehlen diese Erfahrung zu machen. Dabei ist es aus meiner Sicht völlig egal, ob als Au Pair, für ein Praktikum im Studium, als Work & Traveller oder ob du dich für ein Sabbatical entscheidest.

Entscheidend ist, dass du den Mut hast und das Ziel dich persönlich weiterzuentwickeln. Behalte stets deine persönliche Weiterbildung bzw. Weiterentwicklung im Hinterkopf und richte deinen Auslandsaufenthalt gezielt darauf aus. Vor allem für Menschen, die etwas zurückhaltender sind und offener und kommunikativer werden wollen, ist ein Auslandsaufenthalt eine hervorragende Schule. Solltest du dich an dieser Stelle schon für einen Auslandsaufenthalt entschieden haben, wünsche ich dir vorab viele spannende und prägende Eindrücke und viel Spaß bei deiner persönlichen Weiterentwicklung!

Im Folgenden findest du einige Anlaufstellen, solltest du dich über ein Auslandsjahr und die diversen Möglichkeiten informieren wollen:

- https://www.travelworks.de/auslandsjahr.html
- https://www.aifs.de/auslandsjahr/
- https://www.sprachreisen.de/auslandsjahr/
- https://www.studium-ratgeber.de/reisen-ausland/auslandsjahr/auslandsjahr-infos/
- https://www.bundestag.de/ppp
- https://ingenieure-ohne-grenzen.org
- https://www.daad.de/de/im-ausland-studieren-forschen-lehren/stipendien-finanzierung/eu-stipendien-erasmus-plus-programm/

Zusatzkurse und Fortbildungen

Im Zuge meines Architekturstudiums hatte ich wie jeder andere meine Lieblingsfächer, die mehr Aufmerksamkeit bekamen, als andere. Meine Wahlfächer hatte ich bewusst nach meinen Stärken ausgesucht und hinterfragte jeden Zusatzkurs, der nicht ganz zu meinen Vorlieben passte. Daher habe ich manche Chance verstreichen lassen, die mir eine Zusatzqualifikation beschafft hätte, da ich mich meist nicht überladen und mich eher auf die notwendigen Kurse und Themen konzentrieren wollte.

Natürlich ist es sinnvoll einen klaren Fokus in seiner Ausbildung oder seinem Studium zu haben, dennoch rate ich jedem dazu, es anders zu machen als ich. Jede Zusatzqualifikation ist wichtig und kann dir in einem späteren Bewerbungsgespräch die Tür öffnen. Es gibt aus meiner Sicht keine „unnötigen" oder „sinnlosen" Qualifikationen. Vor allem Kompetenzen, die neben deiner Komfortzone liegen, zeigen dein Engagement und dein breit aufgestelltes Interesse. Es wird von den meisten Chefs extrem positiv bewertet, wenn du in deiner Vergangenheit auch mal bewusst über den Tellerrand geschaut hast. Zudem werden die meisten Zusatzqualifikationen während deiner Ausbildung oder deines Studiums kostenfrei angeboten. Hierzu zählen auch Kurse, die dir kein Fachwissen vermitteln, sondern dich persönlich weiterentwickeln wollen. Kurse, die dir beibringen, wie du eine Präsentation zielgerichtet aufbaust, wie du professionell Vorträge hältst, wie du Personal effizient führen kannst oder wie du dich im Kundengespräch verhalten solltest. Für solche Kurse bezahlt man außerhalb der Ausbildung oder des Studiums viel Geld. Jeder Lebenslauf verbessert sich enorm, wenn ein Chef diese Zusatzqualifikationen vorfindet.

Neben der Möglichkeit sich über einen Auslandsaufenthalt persönlich weiterzuentwickeln, sind diese Zusatzkurse in Ausbildung und Studium eine wichtige Möglichkeit deinen Lebenslauf zu verbessern und dich persönlich auf eine höhere Stufe zu heben. Nutze stets diese Möglichkeiten!

Auch über gebührenpflichte Kurse solltest du dich informieren und welche neuen Möglichkeiten dir mit dieser Zusatzqualifikation offenstehen. Dabei ist es nie zu spät sich Zusatzqualifikationen anzueignen. Auch Zusatzqualifikationen, die du dir nachweislich selbst aneignest, können dir einen entscheidenden Vorteil in einem Bewerbungsverfahren bringen. Ein Freund von mir hat sich diesbezüglich vollkommen selbstständig und in seiner Freizeit das Programmieren von Softwareprogrammen beigebracht, um als studierter Maschinenbauer sich ein Fachwissen im Bereich IT aufzubauen. Sein Ziel ist es einen Job bei einem der größten Tech-Konzerne (wie z. B. Google) im Bereich der Digitalisierung zu bekommen, die vor allem nach Menschen suchen, die sowohl die technische Komponente (Hardware), als auch die digitale Komponente (Software) beherrschen.

Auch bestimmte Hobbies stärken bestimmte Fähigkeiten (sog. Soft-Skills), die für dein späteres Berufsleben hilfreich sein können. Fähigkeiten wie Ausdauer, Konzentrationsfähigkeit, Selbstvertrauen und Durchsetzungsvermögen können über bestimmte Hobbies gezielt weiterentwickelt werden. Nutze diese Möglichkeiten, um dich und deinen Lebenslauf auch in diesem Punkt zu verbessern. Ungewöhnliche Hobbies sind auch meist ein guter und freundlicher Einstieg in ein Bewerbungsgespräch.

Es gibt keine unnötige Zusatzqualifikationen! Nutze die angebotenen Möglichkeiten zielgerichtet - vor allem abseits deiner Komfortzone! Du wirst dann in deinem Leben Momente erfahren, an denen du für bestimmte Zusatzqualifikationen dankbar sein wirst. Da bin ich mir sicher!

Deine Findungsphase

Der übliche und meist verbreitete Weg Geld zu verdienen ist über eine Arbeitstätigkeit. Du tauschst also deine Zeit und deine Kompetenzen gegen einen vereinbarten Lohn. Deine Bildung bzw. deine Weiterbildung sind hierfür der wichtigste Baustein. Neben deinen Schulnoten und deinem Schulabschluss, ist vor allem deine nachfolgende Ausbildung oder dein Studium von entscheidender Bedeutung. Bereits mit der Wahl deiner Ausbildungsstelle oder deinem Studienfach legst du erstmals fest, welchen Job du nach deinem Abschluss machen möchtest.

Dabei muss dein Weg nicht gradlinig verlaufen. Es ist vollkommen in Ordnung, wenn du nach deiner Schulzeit erstmal deiner ersten Idee nachgehst bzw. deinem ersten Gefühl folgst. Solltest du nach einem halben Jahr feststellen, dass du doch lieber eine andere Ausbildung oder ein anderes Studienfach besuchen möchtest, ist das vollkommen in Ordnung. Es ist hingegen ein großer Fehler nicht deiner Leidenschaft nachzugehen und nur auf Anraten deiner Eltern oder anderen Personen in deinem direkten Umfeld einen Karriereweg zu beginnen.

Genauso falsch ist es, dein selbstgewähltes Ausbildungsfach oder dein Studium schmerzhaft durchzuziehen, obwohl du merkst, dass dein Herz für ein anderes Themengebiet schlägt. Hier solltest du den Mut haben und ehrlich zu dir selbst sein. Jeder Arbeitgeber kennt diese Situation und zollt deinem Mut eine Lebensentscheidung zu korrigieren Respekt. Im Optimalfall ergänzen sich sogar beide Themen, wie z. B. eine Tischlerlehre und ein Architekturstudium. Hier wird die vermeintliche Orientierungslosigkeit zu einer Stärke, indem du in einer Fachrichtung deine praktischen und theoretischen Fähigkeiten bewiesen hast.

Erst wenn du über Jahre eine Vielzahl vollkommen unterschiedlicher Ausbildungen und Fachrichtungen an diversen Universitäten ausprobiert hast oder planlos Lehrstellen aufnimmst und wieder abbrichst, wirkt sich das negativ auf deinen Lebenslauf aus. In diesem Fall benötigst du sehr viel Kreativität, um deinen zukünftigen Chef davon zu überzeugen, dass deine Orientierungslosigkeit auch eine Stärke beinhaltet, die deinem potentiell zukünftigen Arbeitergeber zugutekommen kann.

Informiere dich stets über die aktuellen Möglichkeiten und frage dich ehrlich, welche Jobs grundsätzlich mit deiner gewählten Ausbildung oder deinem gewählten Studienfach möglich sind und ob diese Jobs dein Leben ausfüllen können. Manche Studienfächer (wie z. B. Architektur) schränken dich jobtechnisch viel stärker ein, als andere (wie z. B. Betriebswirtschaftslehre/BWL oder Jura). Wer sich für ein Studium entscheidet, aber noch nicht genau weiß, welchen Job er nach dem Studium ausüben möchte, sollte sich eher für Studienfächer entscheiden, die seine Interessen widerspiegeln und bei denen die Jobmöglichkeiten breit aufgestellt sind. Jeder der seiner Leidenschaft nachgeht und sich für eine bestimmte Ausbildung oder ein bestimmtes Studium entscheidet, sollte sich dennoch kurz fragen, welche Gehälter in diesem Bereich gezahlt werden und ob man mit dieser Grundlage einverstanden ist. Daher rate ich dir abschließend deine Entscheidung immer ganzheitlich zu prüfen und diese nicht allzu schnell und ohne jegliche Grundlage zu treffen.

Ausbildung oder Studium?

Es ist eine der schwersten Fragen nach deiner Schulzeit - keine Frage! Was möchtest du beruflich machen? Eine Ausbildung mit einem hohen Praxisanteil? Oder doch lieber ein stark theoretisch geprägtes Studium, mit dem du später ein höheres Anfangsgehalt erwarten kannst? An dieser Stelle gibt es kein allgemeingültiges Rezept bzw. keine anerkannte Formel, die ich dir an die Hand geben kann, um diese schwere Frage einfach zu beantworten. Ich kann dir aber ein Hintergrundwissen vermitteln, durch das es dir vielleicht etwas einfacher fällt, eine Entscheidung für dich zu treffen.

An erster Stelle möchte ich mit dem weit verbreiteten Irrtum aufräumen, dass eine Person mit einem Uniabschluss deutlich mehr Geld verdient, als jemand, der seine Ausbildung erfolgreich abgeschlossen hat. Diese Annahme beruht meist auf dem vereinfachten Vergleich, dass eine Person A nach der Ausbildung ein niedrigeres Einstiegsgehalt bekommt, als eine Person B nach dem Studium. Dies mag in den meisten Fällen stimmen, ist aber kein fairer Vergleich, wenn man alle weiteren Randbedingungen einfach ausblendet.

Eine Ausbildung ist in der Regel schneller erfolgreich beendet (i. d. R. 2 bis 3 Jahre) als ein Hochschulstudium (i. d. R. 4 bis 6 Jahre). Während also Person A nach der Ausbildung bereits eigenes Geld verdient, verbringt Person B noch 2 bis 3 Jahre mit dem Studium und bezieht in dieser Zeit noch kein eigenes Gehalt. Somit hat Person A auf 2 bis 3 Jahre gesehen bereits einen Bruttolohnvorsprung von ca. 40.000 bis 75.000 € (je nach Berufsgruppe). Dieser Vorsprung muss Person B erstmal mit dem zu erwartenden, höheren Einstiegsgehalt aufholen. Des Weiteren kann Person A bereits früher mit Lohnsteigerungen aufgrund von Beförderungen oder ähnlichem rechnen und verkleinert somit den direkten Unterschied der Bruttolöhne. Es gibt zu diesem Thema mehrere Studien, die belegen, dass sich ein Hochschulstudium aus den genannten Gründen erst langfristig finanziell auszahlt.

Bei Personen mit einem Ausbildungsabschluss kommt es insbesondere darauf an, ob und in welcher Weise sich diese Person fortbildet und Aufstiegsmöglichkeiten nutzt. Positiv fallen insbesondere ausgebildete Personen auf, die sich mit ihren Kompetenzen (z. B. im Handwerk) selbstständig machen und ihr eigenes Unternehmen gründen. Ich durfte in meinem Leben bereits mehrere Unternehmer kennenlernen, die ihr eigenes Unternehmen auf ihrer erfolgreich abgeschlossenen Ausbildung aufgebaut haben und deutlich erfolgreicher sind als so mancher Hochschulabsolvent. Ich kann an dieser Stelle nur jedem mit einer Ausbildung raten, sich weiterzubilden (vor allem betriebswirtschaftlich), Zusatzqualifikationen anzueignen und über eine Selbstständigkeit nachzudenken.

Natürlich trifft vieles auch auf Hochschulabsolventen zu. Wer sich nach seinem Studium weiter fortbildet und Aufstiegschancen nutzt, kann je nach Fachgebiet, schnell die 100.000 € Jahres-Brutto-Marke brechen. Einige Studienfächer sind auch universeller einsetzbar (z. B. Betriebswirtschaftslehrer/BWL), als eine Ausbildung im Handwerk. Dies ermöglicht einem sich erst später für ein bestimmtes Vertiefungsfach bzw. eine Vertiefungsrichtung zu entscheiden. Absolventen der Studienrichtungen BWL, Jura, Informatik und Mathematik sind beispielsweise über alle Branchen sehr gefragt.

Es entstehen jährlich neue Studiengänge mit dem Ziel vollkommen neue Berufsgruppen zu schaffen. Dies trifft vor allem auf die neuen Themen rund um die Digitalisierung zu. Das digitale Vernetzen von Maschinen, die Notwendigkeit vollkommen neue digitale Geschäftsfelder zu nutzen und Kunden auf ganz neuen digitalen Wegen zu akquirieren, zu halten und langfristig zu binden, sind nur einige Beispiele der neuen industriellen Herausforderungen, die auch neue Berufsgruppen notwendig machen.

Wer eine wissenschaftliche Karriere an einer Hochschule anstrebt, kommt an einem Studium nicht vorbei. Eine Professur oder ähnliches ist nur mit einem guten Hochschulabschluss und i. d. R. auch mit einer Promotion (Erlangen eines Doktortitels) zu erreichen. In den meisten Fällen wird auch eine Industrieerfahrung im betreffenden Fachgebiet erwartet und die Leitung hochrangiger Forschungsprojekte inkl. hochwertiger internationaler Publikationen. Wer diesen Weg gehen möchte, sollte neben einem sehr guten Hochschulabschluss auch eine Promotion in Erwägung ziehen. Eine Promotion dauert i. d. R. 3 bis 6 Jahre und fordert ein hohes Maß an Selbstständigkeit, Engagement und strukturellem Arbeiten.

Wenn mich heute jemand fragen würde, welche Studienfächer am aussichtsreichsten sind, um später einen gutbezahlten Job zu bekommen, wäre meine Antwort: Mathematik, Informatik oder Maschinenbau. Das digitale Zeitalter hat erst begonnen und sehr viele aktuelle Trends zeigen bereits, dass ein enormer Bedarf an Fachkräften in allen digitalen Bereichen entstehen wird.

Flugtaxis, der Quantencomputer, künstliche Intelligenz, digitale Währungssysteme oder intelligente Wohnkonzepte (Smart Home) sind dabei nur die Spitze des Eisbergs. Neue Technologien werden fortlaufend entstehen und müssen stetig verbessert werden. Wer sich für diese Themen interessiert und sich vorstellen kann, in diesen Bereichen zu arbeiten, sollte dies unbedingt tun.

Wer sich nach diesen Gedanken immer noch nicht entscheiden kann, ob eine praktische Ausbildung oder ein theoretisches Studium besser ist, sollte sich über duale Studienmöglichkeiten informieren:

- https://www.wegweiser-duales-studium.de
- https://www.studycheck.de/duales-studium
- https://www.ausbildung.de/duales-studium/
- https://www.hochschulkompass.de/studium/rund-ums-studieren/studienformen/duales-studium.html

Immer mehr Firmen sehen einen großen Vorteil in der Vereinigung beider Bildungssysteme. Die meisten Chefs wünschen sich einen Angestellten, der die Theorie versteht, aber auch die Praxis beherrscht. Ein Angestellter, der seinen Job stumpf ausführt, ohne zu verstehen, was er da genau tut, ist genauso fatal für ein Unternehmen, als ein Angestellter, der pausenlos theoretische Konzepte vorschlägt, die aufgrund seiner geringen Praxiskenntnisse jedoch nicht umsetzbar sind.

Egal wie deine Entscheidung ausfällt, bilde dich ständig weiter und nutze jede Chance deine Karriereleiter eine Stufe hochzuklettern. Überlege dir, ob du mit deinen Fähigkeiten ein eigenes Unternehmen gründen kannst und vom Arbeitnehmer zum Arbeitgeber werden willst. Vertraue deinem Instinkt, welche Themen dich interessieren und bei welchen du deine persönlichen Kompetenzen am besten nutzen kannst.

Stärke stets deine persönlichen Stärken (Stichwort: Stärken stärken), damit du dich von anderen abhebst und dir wertvolle Alleinstellungsmerkmale schaffst. Jeder kann mit genug Fleiß und Ausdauer in einem bestimmten Fachgebiet gut werden. Es gibt jedoch nur wenige Fachgebiete, in denen du dich aufgrund deiner Stärken zu einer herausragenden Persönlichkeit entwickeln kannst. Finde heraus, welche Stärken du hast und nutze stets jede Gelegenheit diese zu stärken. An dieser Stelle möchte ich dir ein Buch empfehlen, das dieses Thema aufgreift und mich damals sehr inspiriert hat:

Entdecken Sie Ihre Stärken jetzt! Das Gallup-Prinzip für individuelle Entwicklung und erfolgreiche Führung, von Marcus Buckingham (Campus Verlag, ISBN: 9783593395470)

Solltest du nach diesem Kapitel immer noch das Gefühl haben Entscheidungshilfen zu benötigen, dann solltest du dir folgende Angebote anschauen:

- https://www.arbeitsagentur.de/bildung/ausbildung-oder-studium
- https://www.bmbf.de/upload_filestore/pub/Ausbildung_oder_Studium. pdf
- https://stuzubi.de/news-themen/uni-ausbildung-oder-beides/

Ich wünsche dir an dieser Stelle viel Erfolg für deine berufliche Karriere!

Wie sich die Arbeitswelt verändert hat

Wie oben bereits beschrieben, wird die Digitalisierung auch die Arbeitswelt langfristig verändern. Welche Folgen dies im Einzelnen auf unsere Gesellschaft haben wird und wie unsere Politik uns darauf vorbreiten soll, steht vermehrt in der öffentlichen Diskussion. Viele Berufszweige werden langfristig verschwinden, jedoch auch vollkommen neue zeitgleich erschaffen. Die typischen Berufsgruppen, die deine Eltern dir aufzählen können, werden teilweise verschwinden und durch neue ersetzt.

Der Anteil an sogenannten Freelancern (freie Mitarbeiter) wird aus meiner Sicht ebenfalls steigen. Damit sind Menschen gemeint, die als selbstständige Arbeitskräfte auf Auftragsbasis für verschiedene Unternehmen zeitgleich tätig sind. Sowohl die Menschen als auch die Unternehmen können ihr Handeln flexibler gestalten. Üblich sind solche Auftragsarbeiten vor allem in der IT- und Marketingbranche. Ein großer Nachteil ist hierbei die verlorengegangene Sicherheit, die u. a. mit einem unbefristeten Arbeitsvertrag einhergeht.

Ein weiterer Trend, der aktuell zu beobachten ist, ist die steigende Zahl an Unternehmensgründungen - sogenannten Start-ups. Noch nie war es in der Geschichte so leicht ein eigenes Unternehmen zu gründen wie heute. In der Vergangenheit waren die Voraussetzungen für die Gründung eines Unternehmens, z. B. als Fabrikant eines bestimmten Produkts, Eigenkapital, ein Produktionsstandort (Fabrik) bzw. eine eigene Immobilie, Maschinen und Arbeiter bzw. Fachkräfte. In der heutigen Zeit reicht es eine gute Idee und einen unbändigen Umsetzungswillen zu haben.

Alle weiteren Dinge können als Service bzw. Dienstleistung eingekauft werden. Viele Gründer können ihr Unternehmen über einen Laptop und ihr Smartphone führen. Externe Produktionskapazitäten können zeitweise geordert werden und Freelancer können für bestimmte Tätigkeit, wie z. B. die Erstellung einer Homepage und die Entwicklung eines Marketingkonzepts, gezielt beauftragt werden. Dies betrifft ebenso die Logistik für das Verpacken, Lagern und Liefern der Ware. Wer an dieser Stelle glaubt, dass man für all diese Dinge viel Eigenkapital benötigt, der irrt. In der heutigen Zeit besteht mit Hilfe von Crowdfunding-Plattformen die Möglichkeit Kapital für einen bestimmten Zweck einzusammeln. Auch zu diesem Thema habe ich eine interessante Buchempfehlung, die du unbedingt nutzen solltest, wenn dich das Thema interessiert:

Kopf schlägt Kapital. Die ganz andere Art, ein Unternehmen zu gründen. Von der Lust, ein Entrepreneur zu sein, von Günter Faltin (Hanser Verlag, ISBN: 9783446415645)

Neben der aufblühenden Start-up-Szene sind durch die digitalen Möglichkeiten vollkommen neue Berufe entstanden, die immer noch nicht ganz ernstgenommen werden. Hierzu zählen neben den diversen „YouTube-Stars" vor allem die stark wachsende Zahl an nationalen und internationalen „Influencern". In beiden Fällen versuchen Menschen mit den unterschiedlichsten Themen online Aufmerksamkeit zu bekommen, um sich somit eine ausreichend große Community (Fangemeinschaft) aufzubauen. Erreicht man erst eine gewisse Masse an Zuschauern, wird man für externe Firmen als Marketinginstrument interessant. Haben viele große Firmen bis vor zehn Jahren vor allem auf Print- und Fernsehwerbung gesetzt, um neue Kunden zu gewinnen und alte zu binden, wird heute über Online-Plattformen gezielt eine ganz bestimmte Zielgruppe angesprochen und für bestimmte Produkte begeistert.

Die Idee dahinter ist, dass zielgerichtete und zielgruppenorientierte Werbung einen viel höheren Kaufreiz und somit eine Umsatzsteigerung verspricht, als das sogenannte Gießkannenprinzip, bei dem relativ unkontrolliert viel Werbung eine undefinierte Zielgruppe erreicht. Erfolgreiche YouTuber und Influencer können mit sechs- bis achtstelligen Zuschauerzahlen nicht nur gut von ihren Einnahmen leben, sondern auch ein riesiges Vermögen aufbauen. Was allerdings so einfach klingt, war und ist in den meisten Fällen auch mit harter Arbeit verbunden. Viele Faktoren müssen für einen Erfolg als YouTube-Star oder Influencer zusammenkommen. Neben dem passenden Thema, das für ein gewisses Alleinstellungsmerkmal sorgt und eine möglichst große Zielgruppe ansprechen sollte, muss die Person eine gewisse Ausstrahlung haben und die Arbeit vor und mit der Kamera mögen.

Sollten diese Punkte gegeben sein, müssen die Videos einen gewissen Standard und auch vor allem einen gewissen Wiedererkennungswert haben, der die Zielgruppe anspricht. Neben viel Engagement, sollte auch eine ausreichende Portion Durchhaltevermögen vorhanden sein. Zum Schluss gehört auch eine gewisse Prise Zufall und Glück dazu, um wirklich mit seinem YouTube-Channel oder ähnlichem erfolgreich zu sein. Viele hatten diesen Traum bereits schon und mussten erkennen, dass ein oder mehrere Faktoren einfach nicht gegeben waren.

Sowohl in der Start-up-Szene als auch im Bereich der YouTube-Stars und Influencer, werden meist nur die herausragenden Erfolge medial gezeigt und bleiben bei den meisten nachhaltig in Erinnerung. An dieser Stelle sollte daher erwähnt sein, dass es nur ein Bruchteil aller Personen wirklich schafft über diese neuen Möglichkeiten ihr Geld zu verdienen oder sogar ein Vermögen langfristig aufzubauen. Solltest du aber den unbedingten Willen besitzen und ein gutes Konzept in der Hinterhand haben, das die oben beschriebenen Faktoren erfüllt, möchte ich an dieser Stelle auch deine Risikofreude unterstützen und dich nicht in deinem persönlichen Vorhaben ausbremsen.

Alternative Wege Geld zu verdienen - Ein Exkurs

Wie oben beschrieben ist der bekannteste Weg Geld zu verdienen einen Job auszuführen. Es gibt jedoch weitere Möglichkeiten Geld zu verdienen, die man kennen und gezielt nutzen sollte. Viele bezeichnen das Einkommen aus einer beruflichen Tätigkeit als aktives Einkommen. Dabei muss eine bestimmte Aktion (Aktivität) ausgeführt werden, um das Einkommen zu erlangen. Dem gegenüber gibt es Möglichkeiten ein passives Einkommen zu bekommen. Du kannst also Geld verdienen, ohne aktiv werden zu müssen. Was auf den ersten Blick verrückt klingt, ist aber einfach erklärt.

Die meisten Arten von passiven Einkommen basieren auf einer Wertsteigerung. Hierzu zählen u. a. Zinsen, Mieteinnahmen durch Immobilien oder Aktien bzw. Unternehmensanteile. Wer seine Finanzen intelligent und gezielt anlegt, kann sich über Zinsen und somit zusätzliches passives Einkommen freuen. Obwohl sich weiterhin die Zinsen weltweit auf einem extrem niedrigen Niveau befinden, gibt es noch Möglichkeiten sein Geld zinsträchtig anzulegen (s. nachfolgendes Kapitel „Deine Finanzen").

Mieteinnahmen sind ebenfalls ein sehr gutes und weitverbreitetes Beispiel für passives Einkommen. Wer an dieser Stelle denkt, dass er hierfür teure Immobilien erstmal kaufen und selbst abbezahlen muss, liegt falsch. Es gibt die Möglichkeit über die Mieteinnahmen eine Immobilie zu finanzieren (also abzubezahlen) und gleichzeitig einen kleinen Überschuss als passives Einkommen einzustreichen. Ist diese Immobilie dann erstmal vollständig abbezahlt, stehen dir die Mieteinnahmen vollständig als passives Einkommen zur Verfügung. Was an dieser Stelle so einfach klingt, benötigt in Wahrheit viele Vorkenntnisse, z. B. hinsichtlich einer soliden Gebäudebewertung. Wer dieses Thema extrem spannend findet und sich weiterbilden möchte, dem kann ich folgendes Buch empfehlen:

Geld verdienen mit Wohnimmobilien. Erfolg als privater Immobilieninvestor, von Alexander Goldwein (M&E Books, ISBN: 0993950647)

Eine weitere und sehr interessante Möglichkeit passives Einkommen zu generieren sind Aktien. Mit dem Kauf von Aktien, also Unternehmensanteilen, verdienst du zum einen jährlich von der sogenannten Dividende, die eine Gewinnbeteiligung darstellt. Zum anderen besteht die Möglichkeit, dass du deine Aktien zu einem späteren Zeitpunkt und zu einem höheren Wert bzw. Aktienkurs wieder verkaufen kannst. Wer sich in diesem Gebiet informiert und sich stets auf dem Laufenden hält, kann sich ein passives Einkommen ermöglichen. Mit konservativen und risikoarmen Strategien kannst du im Durchschnitt mit einer jährlichen Rendite von 3 bis 4 % rechnen. Wenn du etwas mehr Zeit investierst und dir umfassendes Hintergrundwissen aneignest, sind bei risikofreudigeren Anlagestrategien auch über 10 % möglich.

Neben den Beispielen Zinsen, Mieteinnahmen und Aktien, gibt es weitere Einkunftsmöglichkeiten, die eine kurze Aktion bzw. Aktivität von dir verlangen, um dir langfristig ein passives Einkommen zu ermöglichen. Hierzu zählen u. a. eigene Online-Kurse/Online-Videos, Bücher/eBooks oder Provisionen mittels Affiliate Marketing. Alle diese Möglichkeiten verlangen gewisse Vorkenntnisse, ein entsprechendes Equipment und etwas Vorarbeit. Zu jedem dieser

Möglichkeiten gibt es jedoch zahlreiche, sehr erfolgreiche Beispiele. Du selbst musst entscheiden, ob du für ein bestimmtes Thema brennst und dir vorstellen kannst dazu ein Online-Video zu erstellen oder ein Buch bzw. eBook zu schreiben und selbst zu veröffentlichen.

Ich selbst habe zum Thema „Passives Einkommen" zahlreiche Bücher gelesen und Podcasts gehört und kann jedem empfehlen sich über diese Möglichkeiten zu informieren. Vieles davon ist erst in den letzten Jahren entstanden, sodass deine Eltern diese selbst nicht kennen und du diese auch nicht über die Schule kennengelernt hast. Daher war es für mich wichtig dich an dieser Stelle über diese Möglichkeiten zu informieren.

Ich bin mir ebenfalls sicher, dass in den nächsten Jahren auf Basis der fortschreitenden Digitalisierung und diverser Services noch viele weitere Möglichkeiten entstehen werden passives Einkommen zu generieren. Bleib daher stets auf dem Laufenden und informiere dich fortlaufend über Neuerungen auf diesem Gebiet.

DEINE FINANZEN

Intro zum Thema Geld

Geld ist nicht alles und macht auch nicht glücklich - heißt es. Dennoch ist es für alle Menschen eine lebensnotwendige Grundlage, um sich bestimmte Sachen leisten zu können. Neben Grundbedürfnissen, wie eine eigene Wohnung, Essen und Kleidung, möchten wir uns auch bestimmte Hobbies oder mal einen schönen Urlaub gönnen können.

Geld hat sich als Zahlungs- und somit als Tauschmittel seit dem 14. Jahrhundert etabliert und ist in der heutigen Zeit nicht mehr wegzudenken. Digitale Zahlungsmittel erfahren gerade eine erhebliche Nachfrage, haben es jedoch noch nicht geschafft, das allseits gewohnte und von vielen geliebte Bargeld abzuschaffen.

In diesem Kapitel geht es mir auch nicht um Geld als Zahlungsmittel, sondern ich möchte dir einen Überblick verschaffen, welche Möglichkeiten es gibt, um dein Geld gezielt anzulegen, zu vermehren und auch zu schützen. Auch in diesem Kapitel möchte ich dich nicht zu einem Finanzexperten ausbilden oder jedes Thema bis zur letzten Regelung erläutern, sondern ich möchte dir ein Grundwissen an die Hand geben, das dich in die Lage versetzen soll deine Finanzen eigenverantwortlich zu managen.

Auch zu diesem Thema muss nochmals gesagt werden, dass sich die Zeiten rasant ändern und jährlich neue Möglichkeiten (meist digitale) entstehen, die den Umgang mit deinen Finanzen nachhaltig verändern. Neue Apps ermöglichen es dir z. B. in Echtzeit mit Aktien zu handeln und dein Depot kontinuierlich zu betreuen. Auch das gesamte Bankenwesen hat sich stark in Richtung digitale Services gewandelt. Wer vor zehn Jahren noch eine Überweisung handschriftlich mittels eines Überweisungsbogens erledigt hat und diesen bei der nächsten Bankfiliale höchst persönlich einwerfen musste, kann heute diesen Vorgang bequem von der Couch erledigen.

Dies gilt ebenfalls für die meisten Bankvorgänge und sorgt seit Jahren für einen Rückgang der personalisierten Bankfilialen in vielen Orten Deutschlands. Die meisten Bankgeschäfte werden digital getätigt, so auch die meisten Zahlungen. Bankenunabhängige Unternehmen, wie z. B. PayPal, Paydirekt, Apple Pay, Google Pay, bieten mittlerweile digitale Zahlungsmethoden an, die deutlich einfacher und unkomplizierter funktionieren, als die gute alte Banküberweisung.

Auch sogenannte Krypto-Währungen (digitale Währungen, wie z. B. Bitcoin) erleben gerade einen immensen Hype. Zu diesem Thema wird sich in den kommenden Jahren noch viel bewegen und ich persönlich bin mir sicher, dass unser liebgewonnenes Papiergeld bald der Geschichte angehören wird.

Auch die Steuererklärung erfährt gerade eine digitale Revolution. Wer vor zehn Jahren noch seine Steuererklärung vollständig in Papierform erstellte und per Post ans Finanzamt sendete, kann seit einigen Jahren diverse Steuersoftware-Programme verwenden und seine Steuererklärung digital dem Finanzamt über das Elster-Portal (www.elster.de) zusenden. Seit diesem Jahr kommt noch eine digitale Erleichterung hinzu, und zwar der digitale „SteuerAbruf". Dieser ermöglicht es, dass bestimmte Angaben (z. B. die Angaben aus deiner Lohnsteuerbescheinigung) direkt in der Steuersoftware eingetragen werden. Somit bekommst du mit wenigen Klicks eine vorbereitete Steuererklärung, die die wichtigsten und dem Finanzamt bekannten Daten bereits enthält. Deine Aufgabe ist lediglich bestimmte Daten zu ergänzen und die finale Fassung deiner Steuererklärung nochmals zu prüfen. Aber fangen wir erstmal vorne an und beschäftigen uns mit dem Thema Geldanlage.

Welche Möglichkeiten gibt es dein Geld anzulegen?

Ich habe zu diesem Thema bereits viele Bücher gelesen und eine Theorie ist mir persönlich hängen geblieben, die ich bis heute bei meiner Finanzplanung beherzige und dir hiermit an die Hand geben möchte. Verteile dein Risiko auf unterschiedliche Geldanlagen, um dich vor negativen Ereignissen (Finanzkrise 2008 oder Corona-Krise 2020) zu schützen. Wer alles auf eine Karte setzt kann hohe Gewinne einfahren, läuft aber auch mit einem hohen Risiko Gefahr alles zu verlieren.

Des Weiteren besagt diese Strategie, dass du dein Vermögen nach dem Risiko der Geldanlage prozentual aufteilen sollst. Den größten Anteil (ca. 50 bis 60 %) solltest du sicher und eher konservativ anlegen, um deine Lebensgrundlage nicht zu gefährden. Diesen Anteil solltest du in einen Bausparvertrag oder in eine eigene Immobilie investieren. Einen Teil davon solltest du auch auf deinem Giro- bzw. Tagesgeldkonto hinterlegen, um durchgehend liquide zu sein. Du wirst in deinem Leben in Situationen kommen, in denen du ungeplant größere Mengen an Geld benötigst. Sei es durch eine teure Autoreparatur, eine notwendige Sanierung am Haus oder eine ungeplante Steuerrückzahlung an das Finanzamt.

Einen weiteren großen Anteil (ca. 35 bis 45 %) solltest du renditeorientiert und mit einem mittleren Risiko anlegen. Dabei solltest du Anlagearten und -formen auswählen, die einen Totalverlust so gut wie ausschließen und dennoch über einen längeren Zeitraum eine hohe Rendite versprechen. Diesen Anteil solltest du daher in Aktien, Fonds oder Fondsparpläne anlegen.

Der verbleibende Anteil (ca. 5 bis 10 %) kannst du für hoch risikobehaftete Geldanlagen oder kurzfristige und riskante Investitionsmöglichkeiten nutzen. Hierunter können hochriskante Aktienoptionen, aber auch der gute alte Lottoschein fallen. Hierbei ist es sehr wichtig, dass du von einem Verlust deines Kapitals ausgehst und diesen aktiv einkalkulierst. Dennoch nutzt du diese Chancen bewusst und wirst ggf. für deine Risikobereitschaft saftig belohnt.

Es gilt im Allgemeinen der Grundsatz, je sicherer die Geldanlage, umso weniger Ertrag bringt sie auch. Das klingt erstmal bitter, birgt aber auch einige Chancen im Mittelfeld dieser Skala für dich. Geldeinlagen bis 100.000 € sind in Deutschland pro Kunde und Bank über den Staat gesichert (über die sog. Gesetzliche Einlagensicherung). Somit kannst du ohne Verlustängste dein Geld bis 100.000 € auf einem Giro- oder Tagesgeldkonto parken. Der Nachteil sind die extrem niedrigen Zinsen, die heutzutage meist unter der Inflationsrate liegen. Die Inflationsrate gibt dabei an, welcher Wertverlust unser Geld gerade erfährt. Ist die Inflationsrate höher als die Zinsen auf deinem Giro- oder Tagesgeldkonto, verliert dein Geld an Wert und du somit an Kaufkraft, obwohl dein Kontostand geringfügig steigt.

Das komplette Gegenteil passiert, wenn du einen Lottoschein ausfüllst. Das Risiko, dass du deinen Einsatz verlierst ist immens hoch. Der mögliche Gewinn ist es dementsprechend aber auch. Wer sich an dieser Stelle überlegt einen Lottoschein auszufüllen, sollte immer einen Blick auf die Gewinnchance werfen. Demnach lohnt es sich eher „Euro Jackpot" zu spielen (Gewinnchance 1:95 Mio.), als das klassische und weit verbreitete „Lotto 6 aus 49" (Gewinnchance 1:140 Mio.). Auch die Gewinnsumme ist im Euro Jackpot regelmäßig höher als bei der rein deutschen Variante des Glücksspiels. Und noch ein kleiner Tipp am Rande für alle, die den Jackpot nicht unbedingt teilen wollen. Die Wahrscheinlichkeit einen Jackpot nicht oder nur mit wenigen Spielern teilen zu müssen ist höher, wenn du Zahlen über 31 auswählst, da die Mehrheit der Lottospieler Geburtstage oder sonstige wichtigen Datumsangaben verwendet. Klingt verrückt - ist aber so einfach.

Zwischen der risikoarmen Variante eines Giro- bzw. Tagesgeldkontos und der hoch risikoreichen Variante eines Lottoscheins, gibt es zahlreiche interessante Möglichkeiten, wie du dein Geld anlegen und vermehren kannst. Ein Relikt aus den Zeiten höherer Sparzinsen ist die Option sein Geld auf einem Festgeldkonto zu parken. Dabei erhöht sich dein Sparzins aufgrund der Tatsache, dass dein Geld für einen vertraglich festgelegten Zeitraum fest und somit ohne

Zugriffsrecht angelegt ist. Du wirst im Zuge einer Recherche noch Angebote zu Festgeldkonten finden.

Ein seit Jahren bekannter Anbieter ist „Weltsparen.de" aus Berlin. Das Grundprinzip, das Weltsparen seit Beginn seiner Gründung verfolgt ist, dass innerhalb der EU Sparzinsen in bestimmten Ländern höher sind, als in anderen. Weltsparen bietet somit seinen Kunden an ihr Geld im EU-Ausland mit einem höheren Sparzins, als z. B. in Deutschland, anzulegen. Aber auch hier hat sich in den letzten Jahren viel verändert. Vor ca. 5 Jahren konnte man noch sein Geld für 2 bis 5 % im EU-Ausland fest anlegen. Mittlerweile sind auch hier nur noch ca. 1 % realistisch.

Eine weitere, sehr attraktive Möglichkeit sein Geld anzulegen sind Unternehmensanteile (sog. Aktien). Der Aktienkurs gibt dabei an, zu welchem Preis du eine Aktie, also einen Anteil des ausgewählten Unternehmens, zu einem bestimmten Zeitpunkt kaufen kannst. Gewinne sind dabei über zwei Arten möglich. Zum einen kannst du deine Unternehmensanteile zu einem späteren Zeitpunkt und zu einem höheren Kurs wieder verkaufen und zum anderen schütten viele Unternehmen jährlich eine sogenannte Dividende aus. Eine Dividende ist diesbezüglich nichts anderes als eine Gewinnbeteiligung an die Aktionäre, also die Unternehmenseigner.

Es ist daher jedem Aktionär anzuraten seine Aktien mit Bedacht und erst nach einer gründlichen Recherche auszuwählen und zu kaufen. Anfänger sollten, um das Risiko zu minimieren, nur Aktien von Unternehmen kaufen, die sie kennen und deren Produkte sie auch verstehen. Auch sollte ein langfristiges Investment angestrebt werden und nicht der schnelle Gewinn die Triebfeder für diese Art der Geldanlage sein.

Eine wichtige Eigenschaft, die jeder Anleger mitbringen sollte, ist Geduld. Vor allem in Krisenzeiten neigen die meisten Menschen dazu zu einem ungünstigen Zeitpunkt alle vorhandenen Unternehmensanteile mit hohen Verlusten panisch zu verkaufen. Wer den richtigen Zeitpunkt am Anfang einer Krise für einen eventuellen Verkauf verpasst hat, sollte sich erst in Ruhe fragen, ob die Unternehmensbewertung und vor allem der Wertverlust in der Krise gerechtfertigt ist oder nicht. Es gibt zahlreiche Beispiele, bei denen der Aktienkurs nach der Krise relativ schnell (6 bis 12 Monate) wieder am Ursprungswert angekommen ist.

Daher ist es wichtig vor dem Kauf einer Aktie abzuwägen, wie die Zukunftschancen des Unternehmens sind und ob langfristig eine positive Zukunftsperspektive gegeben ist. Megatrends sollten daher vorrangig bei deiner Auswahl der passenden Aktien beachtet werden. Dies betrifft vor allem die aktuellen Megatrends zum autonomen Fahren, Flugtaxis, 3D-Druckverfahren, diverse Softwareentwicklungen in den Bereichen Finanzen und Versicherungen, künstliche Intelligenz, Virtual und Augmented Reality, Big Data, Block Chain und Cloud-Computing. Etablierte Firmen mit veralteten Technologien bzw. Produkten, die nicht mit den genannten Megatrends in Verbindung stehen, sollten daher auf Ihre Zukunftsperspektive kritisch überprüft werden.

Vor allem in Deutschland herrscht aufgrund der Spekulationsblase („Dotcom-Blase"), die im Jahr 2000 weltweit die Kurse an den Börsen zum Einsturz brachte, noch eine hohe Skepsis gegenüber dieser Möglichkeit sein wohlverdientes Geld in Aktien anzulegen. Dabei sind die Risiken bei zielgerichteten und gut überlegten Aktienkäufen gut einschätzbar und ein Totalverlust (je nach Aktie) fast auszuschließen. Mit einer konservativen Anlagestrategie ist eine Wertsteigerung von 3 bis 4 % pro Jahr realistisch. Wer sich intensiver mit Unternehmensstrategien und Aktien beschäftigt und intelligent investiert, kann sogar mit 7 bis 10 % jährlich rechnen. Aber auch Renditen über 10 % sind möglich, wenn die Rahmenbedingungen und die Zeit es zulassen. Solche hohen Renditen sind mit konservativen Anlagearten einfach nicht mehr möglich, daher solltest du dir aus meiner Sicht ein Grundwissen zu Aktien aneignen, um einen Teil deines Vermögens renditeorientiert anlegen zu können.

Solltest du den Aufwand jetzt scheuen, um dich zu diesem Thema weiterzubilden, dann kann ich dir noch alternative Wege zur Geldanlage an der Börse aufzeigen. Zum einen gibt es professionell geführte Aktienpakete (sog. Fonds), die eine bestimmte Auswahl an Einzelaktien zusammenfassen. Dabei musst du dich nicht selbst um die Auswahl der Aktien kümmern, sondern überlässt diesen Schritt einem sog. Fondmanager. Dieser wählt gezielt und meist thematisch nationale oder internationale Aktien aus und bündelt diese in einem Fond. Kaufst du Anteile dieses Fonds, so wirst du an den anfallenden Gewinnen direkt beteiligt. Du solltest jedoch beachten, dass dieser Service nicht kostenfrei ist, sondern über eine Gebühr vergütet wird. In der Regel lohnen sich Fonds dennoch, da die eingespielten Gewinne die Gebühren übertreffen. Allerdings ist an dieser Stelle zu erwähnen, dass sich Eigeninitiative und Engagement hier deutlich auszahlen kann.

Eine weitere Möglichkeit sein Geld ohne viel Aufwand an der Börse anzulegen sind sog. Fond-Sparpläne. Diese eignen sich vor allem für Personen, die keine ausreichenden Finanzmittel haben, um diese direkt in Aktien zu investieren. Aufgrund der Handels- bzw. Tradinggebühren, die bei jedem Aktienkauf bzw. -verkauf anfallen, sollte die anzulegende Summe ausreichend groß sein, damit die zu zahlenden Gebühren im Verhältnis zu den möglichen Gewinnen gering sind. Aus meiner Erfahrung lohnt es sich erst ab 1.000 € in eine Einzelaktie zu investieren. Würde man beispielsweise 1.000 € in 10 Einzelaktien investieren wollen, würde man die festgeschriebene Handelsgebühr auch 10-mal bezahlen. Um dieses Defizit über Gewinne wieder wettzumachen, müsste eine sehr große Kurssteigerung erreicht werden. Fond-Sparpläne bieten hierfür eine Lösung, da sie es dir ermöglichen monatlich eine bestimmte Summe in einen Fond zu investieren. Wer beispielsweise 50 € von seinem Lohn monatlich entbehren kann, kann diese direkt über einen Fond-Sparplan anlegen. Auch hierbei fallen Gebühren an, die du bei deiner Gesamtrechnung im Auge behalten solltest.

Für alle genannten Möglichkeiten sein Geld an der Börse anzulegen benötigst du ein sog. Depot. Ein Depot ist nichts anderes als ein Konto, auf dem deine Aktienwerte abgelegt werden können. Die meisten Banken bieten ihren Kunden mittlerweile ein Online-Depot an, das du bequem von zuhause über eine App auf deinem Smartphone steuern kannst. Vor allem Online-Banken verfügen über ihre digitalen Services über eine perfekte Grundlage dir neben einem Giro- bzw. Tagesgeldkonto, auch ein Online-Depot einzurichten. Bei der Wahl deiner Bank und deines Depots solltest du stets die Gebühren der jeweiligen Bank beachten (z. B. Kontoführungsgebühr, Handels- bzw. Tradinggebühren, etc.). Diese unterscheiden sich zum Teil erheblich und sollten von dir langfristig nicht unterschätzt werden. Auch hier rate ich dir einen aktuellen Finanztest inkl. Ranking zu kaufen und zu schauen, welche Bank dir aktuell das beste Paket anbieten kann.

Aus meiner Erfahrung solltest du einen Teil deines Vermögens in Aktien bzw. Fonds langfristig anlegen, da es in der heutigen Zeit der Niedrigzinspolitik keine wirkliche Alternative gibt. Natürlich muss ich an dieser Stelle auch die Risiken nochmals erwähnen, da kein Mensch weltweit in die Glaskugel schauen kann und mit hundertprozentiger Sicherheit sagen kann, ob ein Aktienkurs steigt oder fällt. Wer sich allerdings ein Grundwissen aneignet, kann dieses Risiko auf ein Minimum reduzieren und seine Chancen auf eine Gewinnsteigerung deutlich verbessern.

Zum Abschluss des Kapitels möchte ich noch kurz auf das Thema Giro- bzw. Tagesgeldkonten eingehen. Grundsätzlich gibt es eine Vielzahl unterschiedlicher Banken, bei denen du dein Giro- oder Tagesgeldkonto anlegen kannst. Neben den bekannten und meist ortsansässigen Banken (z. B. Sparkassen, Volksbanken, etc.) steigt seit Jahren die Zahl der sog. Online-Banken (z. B. DKB, ING, comdirect, etc.). Diese verfügen i. d. R. über kein eigenes Filialnetz, ermöglichen es dir aber bei anderen Banken Bargeld abheben zu können. Hier ist darauf zu achten, ob dies kostenlos oder gegen eine kleine Gebühr erfolgt.

Außerdem solltest du auf die sog. Kontoführungsgebühr achten. Meist ortsansässige Banken müssen aufgrund ihrer laufenden Kosten zum Betrieb der Filialen eine Kontoführungsgebühr erheben. Diese wird in regelmäßigen

Abständen von deinem Konto abgebucht. Auch hierbei gibt es Ausnahmen, bei denen diese Gebühr entfallen kann. Ausnahmen sind hierbei Personen, die sich nachweislich noch in ihrer Erstausbildung (Ausbildung oder Studium) befinden oder Personen, die über einen ausreichenden Geldeingang (z. B. über eine Gehaltszahlung in bestimmter Höhe) verfügen.

Achte bei der Wahl deiner Bank auch auf die angebotenen, digitalen Möglichkeiten, um online bestimmte Bankgeschäfte tätigen zu können (z. B. Überweisungen, Daueraufträge, Änderungen von bestimmten Limits, Depot für Aktiengeschäfte, etc.). Hier sind einige Banken (meist die Online-Banken) deutlich weiter in ihrem Service-Angebot, als andere. Auch die Möglichkeit einer (kostenlosen) Kreditkarte sollte gegeben sein, da du diese vor allem für Auslandsreisen benötigst. Abschließend empfehle ich dir auch zu diesem Thema aktuelle Testergebnisse zu prüfen, um für deine Lebensbedürfnisse die beste Bank auswählen zu können.

DEINE VERSICHERUNGEN

Intro zum Thema Versicherungen

Das Thema Versicherungen war für mich Ende der Schulzeit nicht präsent. Alle bisherigen Versicherungen, die mich betrafen, hatten meine Eltern abgeschlossen. Daher wusste ich nicht, welche Versicherungen es gibt und welche davon wichtig und welche lediglich einen zusätzlichen Schutz bieten. Grundsätzlich gilt, dass Versicherungen davon leben, dass Versicherte sich vor bestimmten unvorhersehbaren Ereignissen (z. B. schwere Krankheit, Autounfall, Hausbrand, Einbruch, etc.) finanziell schützen möchten. Versicherungsbeiträge müssen hierzu in regelmäßigen Abständen bezahlt werden und der Versicherte ist dafür finanziell abgesichert, wenn der vertraglich vereinbarte Fall eintritt. Du solltest dich daher grundsätzlich bevor du eine Versicherung abschließt fragen, welches Risiko besteht für dich persönlich, dass ein bestimmter Fall eintritt und wie hoch wäre eine eventuelle Schadenssumme im Vergleich zu deinen laufenden Versicherungsbeiträgen.

Um dies entscheiden zu können, solltest du an dieser Stelle ein Grundwissen haben, welche Versicherungen es gibt, welche für dich wichtig sind und wie du den besten Anbieter findest. Dabei werde ich im Folgenden nur auf die wichtigsten Versicherungsarten eingehen. Es gibt eine schier unendliche Zahl unterschiedlicher Versicherungen, die du (und das ist die gute Nachricht) nicht alle kennen und dich erst informieren musst, wenn das Thema dich persönlich betrifft (z. B. Elementarversicherung gegen Erdbeben und Überschwemmungen oder Hagelschadenversicherungen für landwirtschaftliche Betriebe). Legen wir also los mit einer Übersicht aller (aus meiner Sicht) wissenswerten Versicherungsarten.

Krankenversicherung

Ich gehe mal davon aus, dass du in diesem Moment bereits krankenversichert bist. In Deutschland gilt nämlich seit dem 1. Januar 2009 die allgemeine Krankenversicherungspflicht nach dem Versicherungsvertragsgesetz (VVG) § 193. Diese besagt, dass alle Arbeitnehmer, deren Lohn unter einer festgeschriebenen Bruttogehaltsgrenze von 62.550 € (für das Jahr 2020) liegt, sich gesetzlich krankenversichern müssen. Ausgenommen sind alle Arbeiternehmer, die diese Grenze überschreiten oder bei denen die Krankenversicherungspflicht aus anderen Gründen ebenfalls entfällt. Dies betrifft vor allem Selbstständige oder Beamte. Diese Gruppe muss sich entweder freiwillig gesetzlich krankenversichern oder eine private Krankenversicherung abschließen.

Eine Krankenversicherung kommt i. d. R. für alle Kosten auf, die dir im Zuge von ärztlichen Behandlungen entstehen. Angefangen von einem einfachen Hausarztbesuch bei einer Erkältung, über eine MRT-Aufnahme deines Sprunggelenks nach einem Sportunfall, bis hin zu einer notwendigen Blinddarmoperation. Dabei ist in Deutschland klar geregelt, welche Behandlungen über die gesetzliche oder private Krankenversicherung abgedeckt sind und welche als Zusatzleistungen vom Patienten gesondert bezahlt werden müssen. Ärzte haben generell die Pflicht dich als Patient umfangreich über deine Möglichkeiten zu informieren.

Anders als in vielen anderen Ländern auf der Welt besitzt Deutschland ein umfangreiches und hervorragendes Gesundheitswesen. Über die Krankenversicherung sind die meisten Deutschen im Krankheitsfalle wirtschaftlich geschützt. Eine Grundversorgung bei Unfällen oder erheblichen lebensbedrohlichen Erkrankungen ist somit vom Staat sichergestellt. Niemand muss aufgrund wirtschaftlicher Aspekte um seine Gesundheit fürchten - auch du nicht.

Ein wichtiger Punkt, den du aber beachten solltest, ist die Wahl der gesetzlichen Krankenversicherung. Neben den Grundleistungen, die i. d. R. von allen Krankenversicherungen abgedeckt sind, bieten einzelne Versicherer bestimmte Zusatzleistungen. Dies betrifft z. B. Sportkurse zur Vorbeugung bestimmter Krankheiten (z. B. Fitnesskurse zur Stärkung des Rückens) oder bestimmte Impfungen zum Schutz bestimmter Krankheiten. Daher rate ich dir an dieser Stelle einen oder mehrere aktuelle Testberichte zum Thema „die passende Krankenversicherung" zu kaufen und zu lesen. Auch hier ändern sich die Gegebenheiten so schnell, sodass eine Zusammenfassung des aktuellen Standes an dieser Stelle nicht sinnvoll ist.

Die Zahlung des Krankenversicherungsbeitrags erfolgt i. d. R. über dein Brutto-Gehalt. Auf deiner ersten Gehaltsabrechnung wirst du neben anderen Abzügen, z. B. der Kirchensteuer oder dem Solidaritätszuschlag (dieser soll demnächst schrittweise abgeschafft werden), auch den Abzug für den gesetzlichen Krankenversicherungsbeitrag finden.

Jeder Versicherte bekommt von seinem Versicherer eine Chipkarte, die in jedem Quartal mindestens einmal dem Arzt vorgelegt werden muss. Die Chipkarte enthält neben deinen persönlichen Daten, vor allem die Info, dass du den aktuellen Beitrag bezahlt hast und immer noch gesetzlich krankenversichert bist. Im Vergleich zur privaten Krankenversicherung musst du deine Behandlung nicht selbst bezahlen und dein Geld im Nachgang einfordern, sondern die anfallenden Kosten werden direkt von deiner Krankenversicherung beglichen. In manchen Fällen, z. B. beim Kauf bestimmter Medikamente in der Apotheke, kann es dazu kommen, dass du einen geringen Eigenanteil selbst bezahlen musst. In der Vergangenheit musste ich beispielsweise für mein Asthmaspray ca. 5 € in der Apotheke selbst draufzahlen.

Wie oben bereits erwähnt gibt es manche Berufs- oder Gehaltsgruppe, die sich freiwillig privat krankenversichern können. Das bedeutet vor allem, dass der Beitrag ohne Arbeitgeberanteil selbst vom Netto-Gehalt bezahlt werden muss. Hinzu kommt, dass die Arztrechnungen nach einer Behandlung direkt zum

Patienten geschickt werden und auch von diesem erstmal selbst beglichen werden müssen. Dies bedeutet, dass jede Person mit einer privaten Krankenversicherung erst einmal in Vorkasse treten muss. Im Anschluss kann dann ein Antrag auf Rückerstattung gestellt werden. Dabei ist zu erwähnen, dass i. d. R. nicht der gesamte Betrag von der privaten Krankenversicherung beglichen wird, sondern meist ein festgelegter Anteil (i. d. R. 50 %). Der Rest wird über eine öffentliche Beihilfestelle des Landes oder Bundes beglichen. Der jeweilige Anteil richtet sich bei jeder Person nach Einordnung der beruflichen Tätigkeit.

Personen mit privater Krankenversicherung genießen bei Ärzten aufgrund höherer abrechenbarer Behandlungskosten eine gewisse Bevorzugung. Dies wird in den meisten Fällen spürbar bei Terminanfragen oder bestimmten Behandlungsarten, die in besonderem Maße vergütet werden können. Jeder muss für sich selbst einschätzen, ob sich eine private Krankenversicherung lohnt, da das Gesamtpaket der gesetzlichen Krankenversicherung schon extrem gut ist und dem Einzelnen viele Vorteile bietet.

Es ist an dieser Stelle auch zu erwähnen, dass der Wechsel von einer privaten zu einer gesetzlichen Krankenversicherung auch nicht einfach und nur unter bestimmten Umständen möglich ist. Daher sollte diese Entscheidung nur nach ausgiebiger Recherche erfolgen. Auch hierzu gibt es zahlreiche sehr gute Übersichten in zahlreichen Magazinen (z. B. Stiftung Warentest bzw. Finanztest), die du dir kaufen und anschauen solltest.

Wer sich privat krankenversichert sollte auch wissen, dass die Beiträge auch im Rentenalter eigenständig beglichen werden müssen. Dies ist nicht ganz unwichtig, da die Rente dementsprechend hoch ausfallen oder man ein ausreichendes Finanzpolster haben sollte. Vor allem im Alter werden die Kosten für medizinische Behandlungen erfahrungsgemäß deutlich ansteigen, da sich der eigene Gesundheitszustand mit steigendem Alter verschlechtert. Auch die sich häufenden Arztrechnungen müssen dann erstmal im Voraus beglichen werden, was zu einer hohen finanziellen Belastung werden kann.

Private Haftpflichtversicherung

Die wichtigste Versicherung neben deiner Krankenversicherung ist eine private Haftpflichtversicherung. Diese kommt für Schäden auf, die du unabsichlich einer dritten Person zufügst. Nach dem Gesetz ist jeder verpflichtet für alle Schäden zu haften, die er jemand anderem schuldhaft zufügt - und zwar in unbegrenzter Höhe. In der Regel ist sogar ein Schaden aufgrund eines grob fahrlässigen Verhaltens von der privaten Haftpflichtversicherung abgedeckt.

Ich war damals 15 Jahre alt, als ich mit meinem Fahrrad einen Brief zur Post fahren wollte. Auf dem Weg dorthin bin ich ungewollt in eine offenstehende Autotür gefahren, die durch den Aufprall einen deutlichen Schaden an der Außenseite aufwies. Meine damalige Haftpflichtversicherung kam für diesen Schaden auf, sodass ich selbst (bzw. meine Eltern) die Kosten des Unfalls nicht tragen mussten.

Eine beschädigte Autotür ist dabei von der Schadenshöhe noch überschaubar (ca. rund 1.000 €). Anders sieht es da schon bei Unfallfolgekosten mit Personenschäden aus, die z. B. im Zuge eines Verkehrsunfalls entstanden sind. Erleidet ein Verkehrsteilnehmer durch deine Schuld eine schwere Verletzung, die langjährig behandelt werden muss, musst du als Schadensverursacher dafür haften. Im schlimmsten Fall kann dies dazu führen, dass dem Geschädigten eine lebenslange Rente bezahlt werden muss.

Wer an dieser Stelle keine private Haftpflichtversicherung hat, muss sich auf einen fünf- bis siebenstelligen Schuldenberg gefasst machen. In Fachkreisen spricht man daher von einem existenzbedrohenden Risiko, das über die private Haftpflichtversicherung abgedeckt ist. Diese Summen sind für die Mehrheit von uns nicht eigenständig aufzubringen, sodass jeder eine private Haftpflichtversicherung abschließen sollte - auch du! Beim Abschluss einer Haftpflichtversicherung solltest du darauf achten, dass die Versicherungssumme bei mindestens 10 Mio. € liegt - empfehlenswert sind i. d. R. 50 Mio. €.

Berufsunfähigkeitsversicherung (BU)

Eine BU solltest du direkt mit Beginn deines ersten Jobs abschließen. Sie greift im Falle eines Unfalls, der dazu führt, dass du deinen Beruf aus gesundheitlichen Gründen nicht mehr ausführen kannst. Alleine in Deutschland liegt der Anteil an berufsunfähigen Personen im Alter zwischen 56 und 60 Jahren bei 27 %. Die Hauptursachen sind dabei Nervenerkrankungen (ca. 30 %), Erkrankungen des Skelett- und Bewegungsapparates (ca. 21 %) und Krebs bzw. andere bösartige Neubildungen (ca. 17 %).

Niemand denkt nach seiner Schulzeit an die Möglichkeit berufsunfähig zu werden; ist man doch in der Blüte seines Lebens und gesundheitlich bestens aufgestellt. Jedoch solltest du in deinem jungen Alter auch an eine unfallbedingte Berufsunfähigkeit denken, die jeden urplötzlich treffen kann. Die häufigste Ursache ist diesbezüglich ein Verkehrsunfall, der im schlimmsten Fall zu einer Lähmung oder anderen schwerwiegenden Erkrankungen führt.

Auch in meinem Freundeskreis gibt es einen solchen Fall, bei dem eine Person bei einer Fahrradtour durch einen Zusammenprall mit einem Auto einen Nervenschaden in seinem linken Arm erlitt. Die volle Funktionsfähigkeit seines linken Armes lebenslang zu verlieren ist für jeden nicht nur ein heftiger gesundheitlicher Lebenseinschnitt, sondern auch ein existenzbedrohender Zustand aufgrund einer geringeren Arbeitsfähigkeit. Bei jeder Berührung reagiert der Hauptnerv im linken Arm extrem auf die haptischen Reize, sodass dieser Zustand ihn grundlegend bei manuellen Tätigkeiten einschränkt. Durch bestimmte Medikamente ist er in der Lage die verstärkten Nervenreize teilweise zu mindern. Dennoch schränkt ihn diese gesundheitliche Beeinträchtigung bei allen Tätigkeiten mit seinen Händen extrem ein.

Zwei Dinge solltest du bei einer Berufsunfähigkeitsversicherung unbedingt beachten. Zum einen solltest du den monatlichen Betrag, der dir im Falle einer Berufsunfähigkeit ausbezahlt wird, nicht zu niedrig wählen. Der Betrag muss dich vollumfänglich schützen und deine laufenden Kosten, wie z. B. deine Miete oder deine Lebensmittelkosten, decken können. Natürlich ergibt sich aus einer höheren Versicherungssumme auch ein höherer monatlicher Beitrag, jedoch zahlt sich Geiz an dieser Stelle definitiv nicht aus. Der zweite wichtige Punkt ist, dass du weder einer sogenannten abstrakten noch einer konkreten Verweisung vertraglich zustimmen darfst. Diese ermöglichen es den Versicherungsgesellschaften den Versicherten auf andere Berufe zu verweisen.

Im Klartext bedeutet das, dass deine BU nicht greift, wenn dein gesundheitlicher Zustand es erlaubt andere berufliche Tätigkeiten auszuführen. Kannst du beispielsweise deinen Beruf als Kraftwagenfahrer aufgrund einer schweren Beinverletzung nicht mehr ausführen, kann die Versicherung jedoch von dir verlangen einen Job als Kassierer oder Schrankenwärter aufzunehmen. Somit greift in diesem Falle die BU nicht, sondern kommt nur zum Tragen, wenn eine generelle und berufsübergreifende Berufsunfähigkeit vorliegt. Die Klauseln können meist gegen einen Aufpreis entfallen, sodass die BU greift, sobald du deinen aktuellen und selbst gewählten Beruf nicht mehr aus gesundheitlichen Gründen ausüben kannst. Eine ärztliche Bescheinigung ist in allen Fällen eine Grundvoraussetzung für eine Berufsunfähigkeit und den Anspruch auf eine BU-Auszahlung.

An dieser Stelle würde ich dir immer raten aktuelle Vergleichstests zu den möglichen Versicherungsgesellschaften anzuschauen und alle Möglichkeiten zu prüfen, damit du die für dich passende BU auswählst. Jede Versicherungsgesellschaft führt vor einem Vertragsangebot einen Gesundheitscheck mit dir durch. Dabei verteuern aktuelle (meist chronische) Erkrankungen deinen Beitrag oder können sogar zum Ausschluss einer bestimmten Krankheit im Zuge einer Berufsunfähigkeit führen. Ich kann nur jedem an dieser Stelle raten die geforderten gesundheitlichen Angaben wahrheitsgemäß zu erteilen. Die Versicherung prüft im Rahmen ihrer Möglichkeiten deine gesundheitliche Vorgeschichte und behält sich vor bei Falschangaben, den Vertrag aufzulösen oder rechtliche Schritte gegen dich einzuleiten. Plane etwas Zeit ein vom Erstkontakt mit dem Versicherer bis zum Abschluss der BU. Der Versicherer verlangt i. d. R. auch schriftliche Nachweise der betreffenden Ärzte, sollte bei dir eine Vorerkrankung vorliegen, die den BU-Vertrag und dessen Inhalte betrifft.

Wie bei anderen Versicherungsverträgen gilt auch bei einer BU, dass deine regelmäßig gezahlten Versicherungsbeiträge bei nichteintreffen des vereinbarten Ereignisses nicht zurückgezahlt werden. Der Versicherer nutzt auch deine Beiträge, um anderen Personen, die eine BU in Anspruch nehmen müssen, den Auszahlungsbetrag zu ermöglichen. Dies gilt natürlich auch in umgekehrtem Falle, solltest du nach einem Unfall deine BU nutzen müssen.

Zahnzusatzversicherung

Deine Krankenversicherung deckt nicht alle ärztlichen Behandlungen ab. Meist ist sehr präzise geregelt, welche Leistungen von welcher Krankenversicherung abgedeckt werden. Zahnärztliche Untersuchungen haben diesbezüglich einen Sonderstatus, da viele zahnärztliche Behandlungen nicht unbedingt der Gesundheit dienen, sondern viel mehr aus kosmetischen Gründen erfolgen.

Sonderbehandlungen, wie z. B. eine professionelle Zahnreinigung oder eine Zahnspange, die lediglich einer Schönheitskorrektur dienen, werden i. d. R. nicht oder nur gegen Aufpreis von der Krankenversicherung bezahlt. In den meisten Fällen werden dir aber verschiedene Optionen zur Wahl gestellt, wie z. B. beim Thema Zahnfüllungen. Dein Zahnarzt wird dich über hochwertige Alternativprodukte zum Befüllen deines Zahnes informieren, die du gegen einen Aufpreis bekommen kannst.

Die Kosten für hochwertige Zahnimplantate werden hingegen grundsätzlich nicht von deiner normalen Krankenversicherung übernommen. Zur Abdeckung der kostenintensiveren Sonderbehandlung und für den Fall, dass hochwertige Zahnimplantate notwendig werden, können sogenannte Zahnzusatzversicherungen abgeschlossen werden. Vor allem Online-Versicherer haben das Thema seit Jahren für sich entdeckt und bieten dir universelle und maßgeschneiderte Versicherungspakete an, mit denen du dich zusätzlich zu deiner Krankenversicherung absichern kannst.

Besonders für Menschen mit einer schlechten Zahnsubstanz kann ich solche Zusatzversicherungen eindringlich empfehlen, da vor allem im Bereich der Zahnimplantate die Behandlungskosten schnell den vierstelligen Bereich erreichen. Außerdem sind die meisten Verträge kurzfristig kündbar (meist monatlich).

Einige Versicherungsgesellschaften bieten dir auch an nachträglich einen Vertrag abzuschließen. Das bedeutet, dass du im Zuge einer ersten notwendigen Behandlung (z. B. für ein Zahnimplantat) den Vertrag abschließen kannst und diese Behandlung bereits erstattet wird.

Eine Zahnzusatzversicherung ist aus meiner Sicht keine notwendige Versicherung für dich, sollte aber in Betracht gezogen werden, wenn dir deine Zähne und deine Zahnpflege sehr wichtig sind und du grundsätzlich keine gute Zahnsubstanz hast.

Hausratversicherung

Eine Hausratversicherung schützt grundsätzlich nicht nur deinen Hausrat gegen Diebstahl, sondern deckt auch bestimmte Schäden ab, die dein Hausrat beispielsweise einem Vermieter zufügt. Was erstmal merkwürdig klingt, ist an dieser Stelle leicht erklärt. Fängt deine Waschmaschine z. B. Feuer und fügt als Folge dem gemieteten Raum einen Schaden zu (z. B. Brandflecken oder zerstört Teile der Bausubstanz), kann der entstandene Schaden über die Hausratversicherung beglichen werden. Das gleiche gilt für einen Wasserschaden, der aufgrund eines defekten Haushaltsgerätes entsteht und ggf. den Fußboden zerstört.

Wer sich für eine Hausratversicherung entscheidet sollte seinen Hausrat (also seine Besitztümer) auflisten (am besten mit Foto), um im Falle eines Diebstahls einen Nachweis zu haben, welche Sachen genau gestohlen worden und somit von der Versicherung zu ersetzen sind. Dies kann einen Streitfall mit der Versicherung verhindern, solltest du wertvolle und außergewöhnliche Gegenstände besitzen und schützen wollen.

Wenn du ein teures Fahrrad besitzt, solltest du an dieser Stelle auch sehr aufmerksam die Versicherungsangebote prüfen. Einige Versicherungen schützen dein Fahrrad nur im eigenen Haushalt und nur unter bestimmten Bedingungen, z. B. abschließbarer Raum innerhalb des Hauses oder nur zu bestimmten Zeiten („Nachtklausel" - nicht zwischen 22 Uhr abends und 6 Uhr morgens). Stellplätze am Haus, die jedoch unbewacht und im Freien liegen sind in den meisten Fällen ausgeschlossen. Andere Hausratversicherungen schützen gegen einen Aufpreis dein Fahrrad auch an öffentlichen Orten, z. B. vor deiner Arbeitsstätte. Wer eine zusätzliche Versicherung gegen Fahrraddiebstahl abschließen will, sollte erst einen Blick in seine Hausratversicherung werfen, ob das Fahrrad nicht bereits gegen Diebstahl gesichert ist.

Die meisten Hausratversicherungen decken allerdings nur eine begrenzte Schadenshöhe bzgl. einem Fahrraddiebstahl ab und machen nur den Zeitwert des Fahrrads geltend. Solltest du also ein hochwertiges Mountainbike (MTB) oder ein teures E-Bike besitzen, solltest du definitiv eine gesonderte Fahrradversicherung abschließen. Dabei solltest du auf die maximale Versicherungssumme achten, die je nach Anbieter deutlich variieren kann. Beim Online-Anbieter AXA kannst du dein Bike bis 2.000 €, bei Ergo bis 3.000 €, bei Cosmos Direkt und HUK-Coburg bis 10.000 € und bei der Allianz sogar bis zu 15.000 € absichern (Quelle: Süddeutsche Zeitung, 15.06.20, Artikel „Ganz schön kompliziert").

Jedem steht es frei selbst zu entscheiden, ob sich eine Hausratversicherung wirklich lohnt. Je nach Angebot und Größe deiner Wohnung bzw. Haus musst du mit einem Jahresbeitrag zwischen 80 bis über 500 € rechnen. Die wichtigsten Fragen bei dieser Entscheidung sind:

- Ist deine Wohnung aufgrund der Lage Diebstahl gefährdet oder eher nicht?
- Wie viele Haushaltsgeräte sind in deinem Besitz, die ggf. einen Schaden deinem Vermieter zufügen können?
- Welche Ausstattung liegt in den betreffenden Mietsräumen vor und welchen Gesamtwert haben diese?
- Wie alt sind deine Haushaltsgeräte?

KFZ-Versicherung

Jedes Kraftfahrzeug erhält erst eine Zulassung, wenn mindestens eine sogenannte KFZ-Haftpflichtversicherung nachweislich abgeschlossen worden ist. Damit wird sichergestellt, dass ein Schaden, der durch das Kraftfahrzeug einer dritten Person zugefügt wird, von der KFZ-Versicherung auch beglichen wird. In Deutschland ist somit eine KFZ-Haftpflichtversicherung Pflicht und somit eine Mindestvoraussetzung für die Haltung eines KFZs.

Darüber hinaus kann man mittels einer Teil- oder Vollkasko-Versicherung auch Schäden absichern, die durch äußere Einflüsse (Teilkasko) oder durch eigenes Verschulden (Vollkasko) am eigenen KFZ entstehen. Eine Teilkasko-Versicherung kommt demnach z. B. für Wild- oder Hagelschäden auf. Eine Vollkasko-Versicherung deckt auch einen Unfallschaden ab, der z. B. durch einen Zusammenstoß mit einem Baum oder einem anderen Verkehrshindernis durch eigenes Verschulden entstanden ist. Generell lohnt sich eine Vollkasko-Versicherung vor allem für neue KFZs, um den relativ hohen Sachwert zu schützen. Besitzt du hingegen ein älteres KFZ reicht in den meisten Fällen eine Teilkaskoversicherung vollkommen aus.

Ein wichtiger Hinweis, den ich dir an dieser Stelle geben möchte, ist stets auf deine Schadensfreiheitsklasse (kurz: SF-Klasse) zu achten. Wie der Name schon vermuten lässt, sagt diese aus, seit wie vielen Jahren du (als Person) nachweislich unfallfrei bist. Versicherungsgesellschaften legen anhand der SF-

Klasse deinen Versicherungsbeitrag fest, da sie davon ausgehen, dass das Unfallrisiko mit einer hohen SF-Klasse geringer ist, als mit einer niedrigen.

Der Nachweis einer SF-Klasse wird von deiner Versicherungsgesellschaft fortlaufend gepflegt und kann bei einem Wechsel der Versicherungsgesellschaft schriftlich eingefordert werden. Dabei akzeptieren die meisten Versicherungsgesellschaften nur einen Nachweis der damaligen Versicherungsgesellschaft. Eigenerklärungen, die du mit Zeugen bekräftigen kannst, werden demnach nicht anerkannt.

Dies solltest du vor allem beachten, wenn du dein erstes Auto bekommst und deine Eltern dieses Auto auf ihren Versicherungsschein laufen lassen wollen. Ein zweites KFZ zu versichern mag auf den ersten Blick günstiger sein, als auf deinen Namen eine neue Versicherung abzuschließen, bedeutet aber zeitgleich, dass die SF-Klasse nicht dir selbst angerechnet wird. Solltest du dann nach mehreren Jahren eine eigene KFZ-Versicherung abschließen, wird dir diese SF-Klasse nicht anerkannt und du musst wieder bei einer SF-Klasse von 0 beginnen. Eine Übertragung der SF-Klasse beispielsweise von deinem Vater auf dich ist zwar möglich, bedeutet aber, dass dein Vater den Status seiner SF-Klasse verliert.

Daher rate ich dir beide Varianten mit deinen Eltern zu prüfen und dich ggf. für einen eigenen KFZ-Versicherungsvertrag zu entscheiden, auch wenn du erstmal mehr dafür bezahlen musst. Eine sehr hohe SF-Klasse wirkt sich nämlich langfristig extrem positiv auf deinen Versicherungsbeitrag aus.

Bei der Wahl der richtigen KFZ-Versicherung gilt wie bei den meisten anderen Versicherungen, dass ich dir einen aktuellen Testbericht empfehlen würde. Nach aktuellem Stand sind die meisten Online-Versicherer die günstigsten. Hier solltest du aber auch darauf achten, dass die besagte Versicherung im Schadensfall auch recht unkompliziert hierfür aufkommt. Viele etablierte und gute Versicherungsgesellschaften haben neben ihrer Muttergesellschaft auch eine reine Online-Tochter, die zwar die gleiche Servicegüte anbietet, jedoch deutlich günstiger ist, als die bekannte Muttergesellschaft. Ein Beispiel hierfür ist die „HUK24.de" (Muttergesellschaft: HUK-COBURG Versicherungsgruppe).

Rechtsschutzversicherung

Menschen sind so verschieden, wie ihre Meinungen zu bestimmten Themen oder Sachverhalten. Jeder von uns hat sich bereits in seinem Leben mehrfach mit anderen Menschen gestritten und erlebt im Privat- oder Berufsleben den ein oder anderen Konflikt. In den meisten Fällen bleibt es bei einem verbalen Schlagabtausch und wenn ein wenig Zeit verstrichen ist, vertragen sich die Konfliktparteien in aller Regel wieder. Mit zunehmendem Alter erlebt man direkt oder indirekt Konflikte, bei denen beide Parteien auf ihrer Meinung beharren und eine dritte Instanz den Streit schlichten und eine Entscheidung herbeiführen muss.

Zwei der häufigsten Streitarten sind diesbezüglich der Nachbarschaftsstreit und Streitfälle nach Verkehrsunfällen. Nachbarschaftskonflikte sind meist besonders schwierig und langwierig, da beide Parteien sich nicht wirklich aus dem Weg gehen können. Man wird sozusagen jeden Tag aufs Neue daran erinnert, was die Gegenseite Unverschämtes gesagt oder getan hat. Oftmals schaukeln sich diese Streitigkeiten in unvorstellbare Dimensionen auf, bei denen beide Parteien schnell vergessen, worum es eigentlich ging. Ein vermeintlich unrechtmäßig genutzter Stellplatz, eine zu hohe Hecke oder das Rasenmähen zur Mittagsruhe sind dabei nur einige bekannte Beispiele für typische Nachbarschaftskämpfe.

Bei Verkehrsunfällen kann es leicht zu Streitigkeiten kommen, wenn beide Parteien die Schuld bei der anderen Person sehen. War die Ampel noch gelb oder doch schon rot? War der andere nicht auch zu schnell unterwegs und hat damit den Unfall erst provoziert? Hat der andere nicht meine Vorfahrt geschnitten? Das statistische Bundesamt verzeichnet für das Jahr 2019 insgesamt rund 2,6 Mio. offiziell erfasste Unfälle, dabei wurden fast 400.000 Menschen verletzt und mehr als 3.000 Menschen kostete der Unfall ihr Leben.

Im Durchschnitt kommt es somit zu gut 7.100 Verkehrsunfällen pro Tag in Deutschland.

Wie du dir bestimmt gut vorstellen kannst, verlaufen nicht alle Verkehrsunfälle friedlich und nicht immer sind alle Beteiligten der gleichen Meinung in puncto Schuld. Anwälte leben davon und müssen um ihre Branche definitiv keine Existenzängste haben. Neben dem Beruf als Bestatter ist eine Anwaltstätigkeit aus meiner Sicht einer der krisenfestesten Berufe überhaupt. Jetzt aber Spaß bei Seite und zur Frage, was hat das mit einer Rechtsschutzversicherung zu tun?

Streitigkeiten können neben der emotionalen Komponente vor allem sehr teuer werden. Muss erstmal ein Anwalt hinzugezogen werden, beginnt der Streit auch finanziell bei dir ein Thema zu werden. Es gibt zwar Konstellationen, bei denen du deine Anwaltskosten von der Gegenseite bezahlt bekommst (meist, wenn die Gegenseite den Prozess verliert), aber generell darauf zu setzen, könnte dich mal teuer zu stehen bekommen.

Eine Rechtsschutzversicherung ist genau für solche Fälle vorgesehen. Sie kommt in der Regel für deine Anwalts- und Prozesskosten auf, die im Falle eines juristischen Konflikts aufkommen. Es gibt spezielle Formen der Rechtsschutzversicherung, z. B. bieten einige KFZ-Versicherungen auch eine Rechtsschutzversicherung für Rechtsstreitigkeiten im Verkehr.

Aus meiner Sicht ist die Notwendigkeit einer solchen Versicherung gleichzusetzen wie die einer Hausratversicherung. Die Wahrscheinlichkeit, dass man diese Versicherung einmal braucht, ist extrem gering. Kommt es allerdings zu einem juristischen Konflikt, kann es einen teuer zu stehen kommen, wenn man darauf verzichtet hat.

Im Gegensatz zu Hausratversicherung ist eine Rechtsschutzversicherung sehr personenabhängig. Solltest du zu der Gruppe von Menschen gehören, die schnell explodieren und keinen Konflikt scheuen, solltest du ggf. frühzeitig eine

Rechtsschutzversicherung abschließen. Für Menschen die i. d. R. sehr diplomatisch durch ihr Leben schreiten, ist eine Rechtsschutzversicherung aus meiner Sicht eher ein „nice to have". Man sollte jedoch berücksichtigen, dass auch die Gegenseite mal eher von der streitsuchenden Personengruppe stammen kann, sodass auch eine Person mit einer eher diplomatischen Haltung auf eine Rechtschutzversicherung zurückgreifen muss.

Abschließend möchte ich dich noch darauf hinweisen, dass eine Rechtsschutzversicherung dich nicht nur im Privatleben bei Rechtsstreitigkeiten schützt, sondern auch in deinem Arbeitsleben. Eine Rechtsschutzversicherung deckt in den meisten Fällen auch das sog. Arbeitsrecht ab. Solltest du also gegen deinen Arbeitgeber rechtliche Schritte einleiten wollen, z. B. aufgrund eines schlechten Arbeitszeugnisses oder einer Abmahnung bzw. Kündigung, kann eine Rechtsschutzversicherung sehr wichtig für dich sein. Es besteht z. B. die Möglichkeit gegen eine Kündigung innerhalb von drei Wochen eine sog. Kündigungsschutzklage einzureichen, sollte die Kündigung aus deiner Sicht nicht gerechtfertigt sein. Beziehe daher diesen Punkt auch in deine Entscheidung für oder gegen eine Rechtsschutzversicherung mit ein.

Rentenversicherung

Die gesetzliche Rentenversicherung ist in Deutschland fest in unserem Sozialsystem verankert. Wer in seinem Berufsleben jahrelang in die sogenannte Rentenkasse einbezahlt hat und bestimmte Voraussetzungen erfüllt (Rentenanspruch), dem steht ab seinem Renteneintritt eine regelmäßige Rentenauszahlung zu. Finanziert wird das Ganze über ein Umlageverfahren, dem sogenannten Generationenvertrag. Die aktuellen Berufstätigen und damit Beitragszahler füllen die Rentenkasse, die zeitgleich den aktuellen Rentnern ihre monatliche Rentenauszahlung ermöglicht.

Eine besondere Form der Rente ist die Hinterbliebenenrente, die im Falle des Todes den unmittelbaren Angehörigen (i. d. R. Ehefrau, Ehemann oder Kinder) über eine Rente finanziell absichert. Zudem können Rentenansprüche geltend gemacht werden, wenn eine verminderte Erwerbsfähigkeit eintritt. Im Volksmund spricht man von einer sogenannten „Frührente", die einer beziehen kann, sollte er seiner Erwerbstätigkeit nicht mehr in vollem Umfang nachkommen können. Im Falle einer Frührente wird allerdings der Rentenbetrag auf die erhöhte Rentendauer angepasst. Dies bedeutet, dass je früher man in die Rente eintritt, umso geringer ist i. d. R. der monatliche Auszahlungsbetrag.

Grundsätzlich gilt, dass die Höhe der Rentenzahlung direkt abhängig ist von der Höhe der Einzahlung während des Berufslebens und der Dauer der Einzahlung. Wer also über einen längeren Zeitraum einen großen Betrag in die Rentenkasse einzahlt, bekommt i. d. R. eine höhere gesetzliche Rente, als jemand der weniger oder nur zeitweise eingezahlt hat.

An dieser Stelle kann ich dir nur raten deine Altersvorsorge nicht nur mit deinem Rentenanspruch absichern zu wollen. Sorge stets dafür, dass du privat ebenfalls vorsorgst, z. B. mit einer eigenen Immobilie, für die du im Alter keine Miete mehr aufbringen musst. Achte stets darauf, dass du deine Einkommensverhältnisse mit steigendem Alter verbesserst, um auch dein Geld sinnvoll und klug anlegst.

Die klassische gesetzliche Rentenversicherung ist also keine Versicherung, die du wie die anderen wahlweise abschließen solltest oder nicht. Sie ist Teil des deutschen Sozialwesens und du solltest wie jeder andere Bürger davon Gebrauch machen - jedoch nicht ausschließlich darauf verlassen.

Lebensversicherung

Lebensversicherungen gelten als Personenversicherungen, weil das versicherte Risiko direkt mit dem Leben der versicherten Person zusammenhängt. Dabei gibt es zwei grundsätzliche Versicherungsfälle, bei denen eine Lebensversicherung greift. Zum einen den sogenannten Erlebensfall (Erleben eines bestimmten und vorher definierten Zeitpunkts) und zum anderen den

Todesfall. Beim Erlebensfall wird ein bestimmter Zeitpunkt vereinbart, an dem die Person eine vertraglich vereinbarte Versicherungssumme ausgezahlt bekommt.

In den meisten Fällen nutzen Menschen diese Art der Versicherung, um zusätzlich zur Rentenversicherung eine Altersvorsorge zu treffen. Im Todesfall sichert diese Versicherung vor allem den engsten Angehörigen ab, i. d. R. die Ehefrau oder den Ehemann. Es gibt Lebensversicherungen, die außerdem im Falle einer sehr schweren Krankheit greifen und einen finanziellen Schutz für die erschwerte Lebenssituation bieten.

Solltest du dich für eine Lebensversicherung entscheiden, informiere dich stets gut und tagesaktuell. Es gibt eine Vielzahl von Klauseln und Bedingungen, auf die du bei einem Abschluss einer solchen Versicherung achten solltest. Hinterfrage auch immer, ob der versprochene Auszahlungsbetrag in einem angemessenen Verhältnis zu deinen Beitragszahlungen steht. Überdenke genau, welche Vorteile und Nachteile ein solcher Vertrag für dich und deine Lebensplanung hat. Solltest du eine solche Lebensversicherung als zusätzliche, private Altersvorsorge in Betracht ziehen, vergleiche stets welche Formen der Geldanlage es außerdem gibt (z. B. Fondsparpläne), die du mit dieser regelmäßigen Beitragszahlung ebenfalls bedienen könntest.

Eine Lebensversicherung ist generell eine Möglichkeit eine private Altersvorsorge zu betreiben und vor allem deine Ehefrau oder deinen Ehemann finanziell abzusichern. Prüfe sorgfältig die Vertragsbedingungen und frage dich, ob diese zu deiner persönlichen Lebensplanung passen. Aus meiner Sicht bieten andere Anlageformen eine bessere Rendite, jedoch muss jeder für sich selbst entscheiden, ob vor allem die Absicherung im Todesfall ein wichtiges Argument für eine Lebensversicherung ist.

Reiseversicherungen

Neben Versicherungen, die dich fortlaufend schützen, gibt es Versicherungen, die dich nur temporär oder ein bestimmtes Ereignis schützen sollen. Reiseversicherungen sind da ein beliebtes Beispiel, da sie lediglich bestimmte Risiken im Zuge deiner Reise versichern. Hierzu zählen gleich mehrere Versicherungsarten:

- Reiserücktrittsversicherung
- Reiseabbruchversicherung
- Reisekrankenversicherung
- Reiseunfallversicherung
- Reisegepäckversicherung
- Reiseumbuchungsversicherung

Die Reiserücktrittsversicherung ist die am häufigsten genutzte Form einer Reiseversicherung. Sie deckt deine Reisekosten ab, solltest du aus bestimmten Gründen (z. B. im Krankheitsfalle) deine gebuchte Reise nicht antreten können. Kannst du eine bereits gebuchte Reise kurzfristig nicht antreten, bleibst du i. d. R. auf den Reisekosten sitzen. Eine Rückzahlung erfolgt nur, wenn du frühzeitig eine Reiserücktrittsversicherung abgeschlossen hast. Wie bei jeder Versicherung musst du selbst entscheiden, wie hoch du dein Risiko einschätzt, dass du deine Reise nicht antreten kannst. Außerdem solltest du dabei deine Reisekosten berücksichtigen. Für einen günstigen Kurztrip muss nicht unbedingt eine solche Versicherung abgeschlossen werden. Solltest du dir hingegen eine längere und deutlich teurere Weltreise gönnen, solltest du dich um eine solche Versicherung kümmern.

Eine Reiseabbruchversicherung deckt die Kosten ab, sollte deine Reise abgebrochen werden müssen. Solltest du aufgrund eines Todesfalls in deiner Familie gezwungen sein deine Reise ungeplant und frühzeitig abzubrechen, kommt diese Versicherung für deine Folgekosten (z. B. Umbuchung des Flugtickets) auf. Auch äußere Einflüsse, wie z. B. der Ausbruch eines Virus oder ein vor Ort geschehenes Attentat, sind gute Gründe für einen frühzeitigen Abbruch deiner Reise. Auch hier sollte sich jeder selbst fragen, ob eine solche Versicherung notwendig ist oder nicht. Auch hier solltest du vor allem auf Basis der möglichen Kosten eine Entscheidung treffen.

Reisekrankenversicherungen sollten abgeschlossen werden, wenn du im Zuge deiner Reise bestimmten gesundheitlichen Risiken ausgesetzt bist, für die deine normale Krankenversicherung nicht aufkommt. Prüfe stets in welchen Ländern deine normale Krankenversicherung greift oder was du vor Reiseantritt vorsehen musst, damit deine normale Krankenversicherung dich schützt. In bestimmten Fällen ist eine Reisekrankenversicherung sehr empfehlenswert, vor allem wenn du einen längeren Zeitraum im Ausland verbringst und du einem erhöhten gesundheitlichen Risiko ausgesetzt bist (z. B. in Gebieten mit Malaria oder sonstigen, lokal auftretenden Krankheiten).

Eine Reiseunfallversicherung solltest du abschließen, wenn ein erhöhtes Risiko eines Unfalls im Zuge deiner Reise vorliegt. Ein Strandurlaub in Spanien ist nicht gleichzusetzen mit einer Bergsteigertour in den Anden. Verunglückst du also beim Bergsteigen und es wird ein Hubschraubereinsatz notwendig, um dein Leben zu retten, kommt eine solche Reiseunfallversicherung für den finanziellen Schaden auf. Auch gesundheitliche Folgeschäden (z. B. Invalidität) und Rückholkosten im Todesfall sind in den meisten Reiseunfallversicherungen enthalten.

Solltest du eher zu den Dauerreisenden zählen solltest du dich einmal ausgiebig über die Möglichkeiten und die Versicherungsgesellschaften informieren. Oft werden dir im Zuge deiner Reisebuchung auch sog. Kombi-Angebote gemacht, sodass du dich nicht selbst um die Versicherungen kümmern musst. Auch hier lohnt sich ein kurzer Versicherungsvergleich, bevor man dem erstbesten Angebot verfällt.

Prüfe auch die Rahmenbedingungen deiner Kreditkarte. Hier gibt es diverse Kreditkarten-Anbieter, die eine Reiserücktrittsversicherung anbieten, wenn die

Reisekosten mit der entsprechenden Kreditkarte beglichen wurden. Achte jedoch auf den Umfang und die Vertragsbedingungen. Meist sind diese Angebote nicht so umfangreich, wie eine separat abgeschlossene Reiserücktrittsversicherung.

Sonstige Versicherungen

Das Thema Versicherungen ist schier endlos. Jedes Risiko in deinem Leben kann über eine spezielle Versicherung abgedeckt sein. Angefangen von materiellen Schäden, wie z. B. einem defekten Smartphone-Display aufgrund eines Sturzes (Handyversicherung), über personelle Schäden, wie z. B. einer Personenentführung (Entführungs-Versicherung), bis hin zu vollkommen skurrilen Versicherungsfällen, wie z. B. einer Zwillings-Versicherung, die dir im Falle einer Zwillingsgeburt einen vorher festgelegten Versicherungsbetrag auszahlt. Sollte dir dieses Beispiel schon verrückt vorkommen, dann rate ich dir eine Online-Recherche zum Thema „verrückte Versicherungen" zu starten.

Meine persönliche Sicht zum Thema Versicherungen ist, dass du dir gut überlegen solltest, welche Versicherungen für dich wirklich notwendig sind, um deine ganz persönliche Lebenssituation zu schützen und welche Versicherungsmöglichkeiten du getrost ignorieren kannst, da sie nur dein Portemonnaie belasten. Summiert man alle Versicherungsbeiträge mal auf, merkt man schnell, dass man einen sehr hohen Anteil seines Gehalts in diverse Versicherungen steckt. Meist hinterfragt man abgeschlossene Versicherungen nicht mehr und ob man diese zum jetzigen Lebensabschnitt wirklich noch braucht. Hier rate ich jedem seine Versicherungen in regelmäßigen Abständen zu hinterfragen und zu schauen, ob die Versicherung noch benötigt wird oder ob ein anderes Angebot einer anderen Versicherungsgesellschaft nicht deutlich günstiger ist.

Mittlerweile kannst du über diverse Apps deine Versicherungen verwalten und dir dementsprechend auch geeignete Angebote anzeigen lassen. Wer also den Aufwand lieber abgeben möchte und keine Bedenken hinsichtlich des

Datenschutzes hat, kann diese neuen Möglichkeiten gezielt einsetzen, um die laufenden Versicherungskosten stets zu optimieren.

Die folgende Übersicht ist meiner Ansicht nach eine gute Hilfestellung, über welche Versicherungen du dich aktuell intensiver informieren solltest und welche aus meiner Erfahrung nicht lebensnotwendig sind. Jeder hat an dieser Stelle eine differenzierte Meinung zu diesem Thema und würde die ein oder andere „Kann-Versicherung" als „Muss-Versicherung" einordnen. Nach diesem Kapitel solltest du aus meiner Sicht ein ausreichendes Grundwissen haben, um diese Entscheidung selbstständig treffen zu können.

Versicherungen

Muss	Kann	Exoten
Krankenv.	Zahnzusatz	Smartphone
Haftpflichtv.	Hausratv.	Entführung
Berufsunfähigkeit	Rechtsschutzv.	:-)
KFZ-Versicherung	Lebensv.	
Rentenv.	Reisev.	

DEINE ERSTE WOHNUNG

Deine Wohnungssuche

Die erste eigene Wohnung steht bei den meisten an, wenn sie ihre erste Ausbildung oder ihr Studium beginnen. Dabei ist die Wohnungssuche vor allem in den beliebten Uni-Städten deutlich schwieriger geworden. Hamburg, München und Berlin sind neben Köln, Düsseldorf und Stuttgart, die beliebtesten deutschen Uni-Städte und somit auch die schwierigsten Städte in puncto Wohnungssuche.

Mein erster Tipp für dich ist, dass du unbedingt deine Wohnungssuche breit aufstellen und eine gewisse Systematik haben solltest. Neben den bekanntesten Online-Portalen zur Wohnungssuche (wie z. B. ImmoScout24 oder ImmoWelt) solltest du auf jeden Fall auch bei Ebay-Kleinanzeigen nach einer passenden Wohnung suchen. Viele Anbieter inserieren nämlich nur an ein, maximal zwei Stellen.

Zudem bieten die meisten Online-Portale eine Alarmfunktion an, die dich per SMS oder E-Mail informieren, wenn eine neue Wohnungsanzeige zu deinen vorher definierten Kriterien, neu eingestellt wurde. Nutze unbedingt diese Möglichkeit, damit du schnell auf eine neue Anzeige reagieren kannst. In manchen Städten sind gute Wohnungen innerhalb von wenigen Minuten wieder von der Online-Platform entfernt, da extrem schnell eine hohe Anzahl von Anfragen eintreffen.

Auch über die bekannten Netzwerke, wie z. B. Facebook, wirst du bestimmte Gruppen zu den jeweiligen Orten finden, über die auch regelmäßig Wohnungsanzeigen geschaltet werden. Meist findest du gleich mehrere unterschiedliche Gruppen zu einem Ort, da diese personengeführt sind und thematisch voneinander abweichen können. Nutze mehrere Schlagwörter bei der Suche nach den passenden Gruppen (u. a. „Wohnungssuche",

„Wohnungsmarkt", „Wohnungshilfe", aber auch „Netzwerk", „Gemeinschaft" oder „Forum").

Neben den oben genannten Online-Plattformen solltest du unbedingt deine lokalen Kontakte (wenn vorhanden) nutzen. In vielen Fällen werden Wohnungen nämlich ohne eine Online-Anzeige an Bekannte oder Verwandte weitergegeben. Solltest du einen alten Schulfreund oder einen Onkel in der Stadt kennen, solltest du auf jeden Fall diese Person kontaktieren und bitten alle Augen und Ohren offen zu halten. Nicht selten führt ein beiläufiges Gespräch mit dem Nachbarn zur Info, dass der ein oder andere Bekannte demnächst auszieht und einen Nachmieter sucht.

So altbacken es klingt, aber lokale Zeitungen sollten auch von dir auf Wohnungsanzeigen hin durchsucht werden. Vor allem ältere Vermieter sind immer noch „klassisch" unterwegs und inserieren ihre Wohnungsanzeige in der lokalen Presse.

Auch deine zukünftige Universität solltest du frühzeitig mal besuchen und diverse Aushänge prüfen. Auch hier wurde der ein oder andere schon mal fündig im Zuge seiner Wohnungssuche. Viele Universitäten oder Fachschaften haben auch ihre eigenen online Tauschbörsen, in denen viele auch ihre Wohnungen anbieten und die meist nur von Kommilitonen besucht werden. Recherchiere, ob es solche Foren auch an deinem zukünftigen Ort gibt und nutze sie für deine Wohnungssuche.

Bei einer Ausbildung solltest du dich nicht scheuen deinen zukünftigen Arbeitgeber um Rat bei der Wohnungssuche zu bitten. Auch hier existieren bestimmt auf dem beruflichen oder privaten Wege nutzbare Kontakte bei der Wohnungssuche.

Kaufen oder Mieten?

Eine weitere und auch eher konservative Anlageform ist der Kauf einer Immobilie. Auch hierfür ist es essentiell sich ein Grundwissen zu diesem Thema anzueignen. Seit Jahren steigen die Miet- und Kaufpreise vor allem in den städtischen Gebieten Deutschlands enorm. Vor allem Großstädte mit hoher Lebensqualität und guten lokalen Arbeitsmärkten, wie z. B. München, Hamburg, Berlin, Köln oder Düsseldorf, erfreuen sich an einem stetigen Zuwachs von meist jungen Menschen.

Die Lebensqualität einer Stadt ist für viele zum zentralen Lebensmittelpunkt geworden und für manche auch zum Statussymbol. Der Traum eines aufregenden Lebens wurde durch die Facebook- und Instagram-Generation deutlich verstärkt. Jeder möchte etwas erleben und dies auch mit seiner Familie und seinen Freunden teilen. Hierfür muss das passende Umfeld ausreichend Attraktionen bereithalten und am besten eine gute Verkehrsanbindung bieten, um auch mal national oder international neue Standorte zu besuchen und neue Erfahrungen zu sammeln.

Hinzu kommt der Wandel von analogen Produktionstechnologien, die viel stärker örtlich verwurzelt waren und ganze Industrieregionen prägten, hin zu digitalen Technologien, die vollkommen losgelöst von örtlichen Gegebenheiten funktionieren. Die Arbeitswelt wird sich immer weiter verändern hin zu dezentralen Lösungen. Viele Jobs können über einen Laptop oder ein Tablet von überall auf der Welt ausgeübt werden. Die aktuelle Corona-Krise scheint diesen Trend nochmals zu beschleunigen, da viele Großfirmen die Vorteile eines Heimarbeitsplatzes erkannt haben.

Viele Meetings werden nur noch online abgehalten und ersparen den Arbeitnehmern immense Reisezeiten, in denen sie ineffektiv oder gar nicht arbeiten können. Hier liegt auch für die Arbeitgeber ein riesiges Potential Arbeitszeiten seiner Mitarbeiter anderweitig zu nutzen und Reisekosten drastisch zu reduzieren. Dies hat zur Folge, dass viele Firmen zukünftig nicht mehr den einen festgelegten Standort pflegen und jeder Mitarbeiter sich im direkten Umfeld privat ansiedeln muss. Viele Menschen können ihren örtlichen Lebensmittelpunkt frei bestimmen und werden sich heutzutage eher für die Attraktivität einer größeren Stadt entscheiden, als für die Ruhe auf dem Land. Diese Freiheiten haben heute bereits viele Berater, die für die Ausübung ihres Jobs lediglich eine gute Verkehrsanbindung benötigen, um schnell bei ihren Kunden bzw. Klienten sein zu können.

Für die meisten Menschen meiner Generation sind die Randgebiete der oben genannten Großstädte in Deutschland besonders attraktiv geworden. Hier kommen meist beide Welten zusammen. Die ländliche Ruhe, die Natur und die soziale Verbundenheit zu seinen Nachbarn und die Möglichkeit mit einer schnellen und direkten Verbindung in die Stadt fahren zu können und Theater, Kinos, Cafés, Sportevents, Musikkonzerte zu besuchen oder einfach nur ausgiebig Shoppen zu gehen. Städte leben von ihren außergewöhnlichen Attraktionen und der Lebendigkeit, die vor allem über die Vielzahl an unterschiedlichen Menschen entsteht.

Aber kommen wir zurück zum eigentlichen Thema - Geld anlegen in Form einer Immobilie. Wer sich vor über zehn Jahren eine Immobilie in der Nähe einer beliebten Großstadt gesichert hat, kann sich heute über eine ordentliche Rendite freuen. Wer sich diesen Schritt damals nicht getraut hat und immer noch zur Miete wohnt, ärgert sich fortlaufend über steigende Mieten. Aber kann man daraus ableiten, dass es immer günstiger und sinnvoller ist eine Immobilie zu kaufen, anstatt zu mieten? Nein - das kann man nicht.

Zahlreiche Studien haben sich mit dem Thema „mieten oder kaufen" beschäftigt und viele davon kommen zu dem Schluss, dass es keinen klaren Gewinner bei dieser Frage gibt. Viele machen sich die Argumentation nämlich viel zu einfach und denken „meine Miete ist weg" und „mein Haus ist mein Kapital". Je nach Standort lohnt es sich für seine Altersvorsorge eine eigene Immobilie zu kaufen und im Alter weder einen Kredit tilgen noch eine Miete von seiner Rente zahlen zu müssen. Dennoch vergessen viele, dass in einer Miete ein gewisses „rundum sorglos Paket" steckt. Größere Baumängel oder altersbedingte Instandhaltungsmaßnahmen muss nämlich der Vermieter, also der Wohnungs- bzw. Gebäudeeigentümer bezahlen. Je nach Lage können Immobilien auch an Wert verlieren und das nicht nur aufgrund des altersbedingten Gebäudeverfalls. Auch eine Gebäudesubstanz wird nicht jünger und erfordert regelmäßig Baumaßnahmen, die teilweise sehr hohe Summen vom Eigentümer fordern. Ein neues Dach, eine verbesserte Wärmeisolierung oder eine neue energieeffizientere Heizung sind diesbezüglich nur einige bekannte Beispiele.

Wer also glaubt, dass man als Wohnungs- bzw. Gebäudeeigentümer nur den Kaufpreis aufbringen muss, vergisst den teilweise extrem hohen Gebäudeunterhalt, der mit steigendem Gebäudealter stetig zunimmt. Genau hier setzen viele Studien an und vergleichen nicht nur die reine Miete und den Tilgungskredit bei Hauskäufern, sondern auch die Folgekosten beider Varianten. Alle genannten Faktoren sind allerdings extrem zeit- und ortsabhängig, weshalb ein wirklich fairer Vergleich kaum durchzuführen ist. An dieser Stelle möchte ich dir nur die Augen geöffnet haben, dass die weitverbreitete und meist von älteren Generationen geprägte Meinungsbild „lieber kaufen als mieten" auch etwas überholt ist und standortabhängig immer überprüft werden muss.

Zudem musst du beachten, dass bei einem Immobilienkredit neben dem Tilgungsbetrag auch ein Zinsbetrag an die Bank bezahlt werden muss. Dieser fließt vollständig zu der betreffenden Bank und mindert nicht deine Tilgungssumme. Dieser Zinsbetrag trägt somit, vergleichsweise wie eine Mietzahlung, nicht deinem Vermögensaufbau bei, sondern ist schlichtweg verlorenes Kapital.

Deine persönliche Antwort auf die Frage „Mieten oder Kaufen?" ist auch stark von deiner persönlichen Lebensweise abhängig. Wer eine Immobilie kaufen möchte, sollte den Ort sorgfältig auswählen, da dieser mindestens für 10 eher 15 Jahre sein Lebensmittelpunkt sein muss. Mit dem Kauf einer Immobilie verliert man die Flexibilität auf bestimmte Lebenssituationen mit einem

Ortswechsel reagieren zu können. Beim Kauf einer Immobilie sind bestimmte Nebenkosten, wie z. B. Notarkosten, Kosten für den Grundbucheintrag, die Grunderwerbssteuer, zu zahlen. Die Summe aller Nebenkosten beträgt i. d. R. 5 bis 15 % der Kaufsumme. Diese Kosten sind erstmal verloren und können bei einem schnellen Wiederverkauf meist nicht über einen höheren Verkaufspreis wiedergewonnen werden. Zudem wird bei einem Immobilienverkauf innerhalb der ersten 10 Jahre eine sog. Spekulationssteuer fällig, die verhindern soll, dass Immobilien zu schnell und nur aufgrund einer schnellen Rendite wiederverkauft werden.

Solltest du dir jetzt die Frage stellen, wie man es überhaupt schafft sich eine Immobilie für mehrere hundert Tausend Euro leisten zu können, dem versuche ich ein paar grundlegende Dinge im folgenden Absatz zu erklären. Die wenigsten können es sich nämlich leisten eine Immobilie zu 100 % über Eigenkapital zu finanzieren. Bei den meisten wird ein Immobilienkredit über eine Bank notwendig. Hier ist darauf zu achten, dass mit einer hohen Eigenkapitalquote der Tilgungszins sinkt. Banken benötigen für die Ausstellung eines hohen Immobilienkredits bestimmte Sicherheiten.

In den meisten Fällen steht neben dem Arbeitsvertrag auch das Thema Eigenkapital im Fokus der Kreditbewertung. Wer also einen unbefristeten Arbeitsvertrag mit einem soliden Gehalt vorweisen kann und zugleich über ausreichend (i. d. R. min. 20 %) Eigenkapital verfügt, kann sich hierbei entspannt zurücklehnen. Wer dies nicht vorzuweisen hat, muss sich überlegen, wie ein gewisses Maß an Eigenkapital geschaffen werden kann oder was ansonsten noch zur Sicherung des Kredits herangezogen werden kann. Viele Eltern springen an dieser Stelle gerne für ihre Kinder ein und bürgen mit ihrem Vermögen oder Haus im Falle eines Tilgungsausfalls. Hier sollte jeder für sich selbst entscheiden, wie er die notwendigen Sicherheiten für einen Immobilienkredit bereitstellen kann.

Ein wichtiger Baustein zur eigenen Immobilie kann auch ein Bausparvertrag sein. Als sichere und konservative Geldanlage solltest du daher auch einen

Bausparvertrag in Betracht ziehen. Dabei wird regelmäßig ein bestimmter Betrag auf ein Bausparkonto eingezahlt und der Vertrag nach einer bestimmten Zeit und Bausparsumme zuteilungsreif. Sobald die Zuteilung offiziell erteilt ist, kann der vereinbarte Baukredit mit den vertraglich zugesagten Tilgungsraten und -zinsen in Anspruch genommen werden.

Alte Bausparverträge waren dabei in den letzten Jahren bei vielen Menschen noch sehr beliebt, da der festgeschriebene Sparzins auf die Einlagen im Vergleich zu den Sparzinsen beim Giro- bzw. Tagesgeldkonto deutlich höher war. Vielen Bausparkassen sahen sich deswegen auch genötigt alte Bausparverträge zu kündigen, um die eigenen Kosten aufgrund der versprochenen Zinsen zu reduzieren. Wer vor wenigen Jahren oder heute noch einen Bausparvertrag abschließt, hat schlechte Karten im Hinblick auf einen hohen Sparzins. Allerdings macht ein anderer Fakt Bausparverträge doch für dich sehr interessant.

Ein Bausparvertrag ermöglicht es nämlich den aktuell sehr niedrigen Tilgungszins sich auf Jahre hinweg zu sichern. Sollte sich also in absehbarer Zeit die Zinspolitik nochmals ändern und die Zinsen generell wieder steigen, wird dir der vereinbarte Tilgungszins für deinen Kredit verbleiben. Hierauf solltest du beim Abschluss eines Bausparvertrages unbedingt achten.

Auch die Bausparsumme solltest du nicht zu niedrig wählen, da du dir für einen Bausparvertrag in Höhe von beispielsweise 20.000 € noch keine Immobilie oder geschweige denn einen nennenswerten Anteil leisten kannst. Daher solltest du eine Summe ab 100.000 € für deinen zukünftigen Bausparvertrag in Betracht ziehen. Hier ist es ratsam möglichst früh einen Bausparvertrag abzuschließen, damit du die Zuteilungsreife auch möglichst früh erreichst und den Kredit nutzen kannst. Solltest du also zum jetzigen Zeitpunkt noch keinen Bausparvertrag abgeschlossen haben, würde ich dir an dieser Stelle raten, dich darum zu kümmern und aktuelle Angebote ausgiebig zu prüfen.

Informiere dich auch über die Möglichkeit, ob du die sog. vermögenswirksamen Leistungen (VWL) in Anspruch nehmen kannst. Diese ermöglichen es, dass dein Arbeitgeber dir staatlich geförderte Sparzulagen in einer bestimmten Höhe gewähren kann. Diese kannst du u. a. für einen Bausparvertrag nutzen.

Dein erster Mietvertrag

Wenn du über die oben beschriebenen Wege erfolgreich warst und jetzt kurz vor der Unterschrift deines ersten Mietvertrages stehen, solltest du auf folgende Punkte besonders achten. Zum einen muss für bestimmte Wohnungen eine Kaution bezahlt werden, damit der Vermieter gegen entstehende Schäden an der Wohnung abgesichert ist. Diese kann je nach Wohnung und Höhe der Miete sehr hoch ausfallen und sollte dich nicht vor finanzielle Schwierigkeiten stellen. In den meisten Fällen verlangen Vermieter 2 bis 3 Kaltmieten als Kaution. Bei einer Wohnung für 600 € sind dies 1.200 bis 1.800 €, die meist mit der ersten Mietzahlung fällig werden.

In vielen vorformulierten Mietverträgen ist ein Passus enthalten, der es dem Mieter erlaubt, die Kaution in Anteilen (meist gedrittelt auf die ersten drei Monate) zu zahlen. Wem es also nicht möglich ist die erste Miete und die volle Kaution auf einmal zu zahlen, sollte auf diese Möglichkeit zurückgreifen und diese nutzen.

Der Vermieter ist dabei gesetzlich verpflichtet die Kaution stets getrennt von seinem Vermögen anzulegen. Neben einer Barzahlung oder einer Überweisung kann auch ein sogenanntes Mietkautionskonto (Treuhandkonto) für die Kaution eingerichtet werden. Es schützt den Mieter davor, dass bei einer Insolvenz des Vermieters, die Gläubiger bei der Vermögenspfändung Zugriff auf das Mietkautionskonto und somit auf die gezahlte Kaution bekommen. Das Konto muss nicht in Hinblick auf extra hohe Zinserträge ausgewählt werden, sondern es genügt eine durchschnittliche und marktübliche Verzinsung. Dabei gehören die Zinserträge dem Mieter und nicht dem Vermieter. Sollte dein Vermieter eine

Barzahlung für die Kaution verlangen, musst du dir die Kautionszahlung unbedingt schriftlich bescheinigen lassen.

Eine weitere Möglichkeit neben dem Mietkautionskonto ist ein verpfändbares Sparkonto, das zwar auf den Namen des Mieters läuft, aber im Schadenfall vom Vermieter gepfändet werden kann. Auch weitere Vereinbarungen hinsichtlich der Kautionszahlung sind erlaubt, solange der Vermieter eine klare Trennung zu seinem Vermögen sicherstellen kann und die Kaution für den Mieter geschützt ist.

Neben der Kaution solltest du auch auf die Kündigungsfrist und eventuelle Vertragsbindungsfristen achten. Die Kündigung wird in den meisten Fällen auf drei Monate festgelegt. Sollte die Kündigungsfrist in deinem Mietvertrag abweichen, solltest du dich fragen, ob diese Frist für dich sinnvoll und praktikabel ist. Manche Vermieter möchten auch nicht jedes halbe Jahr den Aufwand betreiben und passende Mieter finden, sodass eine Vertragsbindungsfrist vereinbart werden soll. Diese besagt, dass der Mieter für einen bestimmten Zeitraum (z. B. ein Jahr) den Mietvertrag nicht kündigen kann und den Mietzahlungen nachkommen muss. Auch hier muss jeder für sich selbst entscheiden, ob dieser Punkt ein K.O.-Kriterium darstellt oder ohne Probleme erfüllbar ist.

Bevor du den Mietvertrag unterschreibst, solltest du dir in jedem Fall einen Eindruck von dem aktuellen Zustand der Wohnung machen. Auch wenn der Wohnungsmarkt überhitzt ist und einige Vermieter ohne Wohnungsbesichtigung ihre Wohnungen vermietet bekommen, solltest du immer eine persönliche Besichtigung vornehmen. In den meisten Fällen wird auch ein Übergabeprotokoll erstellt, dass die bisherigen Mängel dokumentiert und dir die Sicherheit gibt, dass bestimmte Mängel dir nicht angerechnet werden können. Im Gegenzug ist der Vermieter geschützt, sollten weitere Mängel durch dich entstehen. In diesem Fall kann der Vermieter von dir eine Kautionsminderung oder einmalige Schadenszahlung verlangen. Bei der

Anfertigung des Übergabeprotokolls solltest du dir immer Zeit nehmen und jeden Punkt aufmerksam prüfen.

Du wirst im Zuge deiner Wohnungssuche auch auf Wohnungsanzeigen stoßen, in denen der Vermieter auf charmante Art und Weise bestehende Mängel seiner Wohnung kaschieren will. Zum Beispiel wird ein fehlender Bodenbelag schnell zur Chance für den Mieter den neuen Bodenbelag selbst auswählen zu können. Mit der Auswahl des Bodenbelags war aber auch die Rechnungsübernahme durch den Mieter vorausgesetzt. Somit verlangte der Vermieter eine Investition des Mieters in die eigene Bausubstanz. Der Bodenbelag bleibt zwar Eigentum des Mieters, aber wer wird diesen Bodenbelag zum Zeitpunkt seines Auszugs wieder rausreißen und an anderer Stelle weiter nutzen wollen. Auch einen Verkauf an den nächsten Mieter muss erstmal geklärt werden. Hier kann ich nur jedem abraten solche Vorgaben zu akzeptieren und diese Vereinbarung mit dem Vermieter einzugehen.

Des Weiteren solltest du auf die Vereinbarung im Mietvertrag achten, die darauf eingeht, wie die Wohnung bei deinem Auszug beschaffen sein muss. Seit einigen Jahren ist es nicht mehr zwingend notwendig die Wohnung beim Auszug weiß zu streichen. Hintergrund ist das Argument, dass die meisten Mieter aufgrund ihrer eigenen Wunschvorstellung ihre neue Wohnung beim Einzug streichen. Somit macht ein weißer Anstrich beim Auszug nur noch bedingt Sinn, wenn der nächste Mieter die Wandfarbe nochmals selbst ändert. Einige Vermieter wünschen jedoch immer noch einen frischen, weißen Anstrich beim Auszug und nehmen diesen Punkt in ihren Mietvertrag mit auf. Auch hierauf solltest du achten, um Missverständnissen vorzubeugen.

Ein weiterer wichtiger Punkt sind die Nebenkosten und vor allem die jährlich aufkommende Nebenkostenabrechnung. Hier solltest du explizit jeden Betrag auf die Rechtmäßigkeit und auch auf die Höhe kritisch prüfen. Nach der Betriebskostenverordnung ist es dem Vermieter nur gestattet die sogenannten Betriebskosten anteilig dem Mieter in Rechnung zu stellen. Darunter fallen grundsätzlich alle Kosten, die für den laufenden Gebäudebetrieb anfallen und in regelmäßigen Abständen wiederkehren (keine einmaligen Zahlungen, die eindeutig vom Eigentümer bzw. dem Vermieter selbst zu begleichen sind).

Leider ignorieren einige Vermieter (teils aus Unkenntnis) diese klaren Regeln und versuchen bestimmte Kosten unrechtmäßig auf den Mieter abzuwälzen. Solltest du also auf deiner Nebenkostenabrechnung eine Kostenposition finden, die nicht auf den Betrieb zurückzuführen ist, solltest du dich über die Sachlage erkundigen und den Vermieter schriftlich darauf hinweisen. Weiterführende Informationen und eine ausführliche Liste, welche Kosten zu den Betriebskosten zählen, findest du u. a. auf der Homepage „www.mieterengel.de".

Zuletzt möchte ich dich noch dafür sensibilisieren, dass es klare Methoden gibt, wie eine Grundrissfläche einer Wohnung zu berechnen ist. Dabei gibt es leider nicht nur die eine anerkannte und verbindliche Methode, sondern gleich mehrere, die zum Teil dem Vermieter und zum Teil dem Mieter zugutekommen. Die Wohnflächenberechnung nach DIN 277 begünstigt eher den Vermieter, da fast alle Flächen zu 100 % mit eingerechnet werden. Die weit verbreitete Wohnflächenverordnung (WoFlV) legt die Berechnung eher zu Gunsten des Mieters aus, da bestimmte Flächen gar nicht oder nur anteilig angerechnet werden dürfen.

Dachflächen beispielsweise dürfen bei der Wohnflächenverordnung mit einem Bodenabstand unter 1 m gar nicht, zwischen 1 m und 2 m Bodenabstand nur zu 50 % und erst ab einem Bodenabstand von min. 2 m ganz angerechnet werden. Balkone dürfen nur zwischen 25 % und 50 % in die Grundflächenberechnung mit einfließen. Prüfe daher stets die Grundfläche und erkundige dich nach der vom Vermieter genutzten Methode. Bei starken Abweichungen solltest du dir überlegen, ob du den Dialog mit deinem Vermieter suchst oder mit den vereinbarten Wohnkonditionen einverstanden bist. Dir sollte allerdings klar sein, dass bestimmte Kosten immer anteilig auf Basis der vereinbarten Grundrissflächen berechnet werden. Wer an dieser Stelle eine zu hohe Grundrissfläche akzeptiert, akzeptiert auch automatisch die höheren Nebenkosten.

Einige Vermieter geben aus Unwissenheit oder aus reinem Kalkül die Grundrissfläche falsch an (i. d. R. zu groß). Mein abschließender Rat daher an dich: Sei stets wachsam und prüfe die vom Vermieter gemachten Angaben kritisch. Rechne nach, solltest du Zweifel an der Grundflächenberechnung haben, und scheue dich nicht in den Dialog mit deinem Vermieter zu treten.

Deine erste Steuererklärung

Für mich war das Thema Steuererklärung nach meiner Schulzeit ein Buch mit sieben Siegeln. Ich wusste, dass mein Vater gemeinsam mit einem Steuerberater jährlich unsere Steuererklärung vorbreitete und an das Finanzamt abschickte. Auch wusste ich immer Bescheid, ob uns in diesem Jahr eine Rückerstattung oder Nachzahlung ins Haus stand. Weitere Informationen, geschweige denn ein Grundwissen, hatte ich nicht. Mit meinem ersten Job und zeitgleich meiner ersten Wohnung kam dann das Thema „Steuererklärung" auf meinen Tisch und ich musste mich erstmal durchkämpfen, um das „Warum", das „Wann" und das „Wie" zu verstehen.

Steuern begegnen uns im alltäglichen Leben. Am bekanntest ist diesbezüglich die Mehrwertsteuer, die in Deutschland auf den meisten Produkten und Waren 19 % beträgt. Der Staat verdient somit bei jedem Verkauf einer bestimmten Ware mit, um über den Bundeshaushalt diverse Staatsbereiche zu finanzieren.

Dies betrifft u. a. unser Sozialwesen, Gesundheitswesen, Verkehrswesen, innere Sicherheit, unsere Wirtschaft und vieles mehr. Um jährlich für jede Person zu überprüfen, ob die- oder derjenige zu viel oder zu wenig Steuern bezahlt hat, gibt es die sogenannte Steuererklärung. Um an dieser Stelle etwas präziser zu werden, geht es vorrangig um die Einkommenssteuererklärung die vor allem, wie der Name schon sagt, die Einkünfte und bestimmte Ausgaben aufführt und steuerlich bewertet.

Ich möchte dich an dieser Stelle auch nicht zum Steuerexperten ausbilden, sondern dir ein notwendiges Grundwissen vermitteln. Deine Steuererklärung musst du jährlich erstellen oder von einem Steuerberater erstellen lassen. Wie am Anfang des Buches bereits geschrieben, gibt es mittlerweile Softwareprogramme (z. B. WISO© Steuer) oder digitale Apps (z. B. taxfix©), die dir bei der Erstellung deiner Steuererklärung helfen. Diese sind in den meisten Fällen auch in der Lage Fehler zu identifizieren, dir Hinweise zum Ausfüllen der Steuererklärung zu geben und dir die voraussichtliche Höhe deiner Rückerstattung oder Nachzahlung anzuzeigen.

Vor allem zu Beginn deiner Karriere ist die Erstellung deiner Steuererklärung mithilfe dieser digitalen Tools relativ einfach. Daher würde ich dir davon abraten einen Steuerberater hierfür zu beauftragen und auch zu bezahlen. Sollte dein Leben aufgrund einer Familien- und/oder Unternehmensgründung komplexer werden, ist das Heranziehen eines Steuerberaters durchaus sinnvoll.

Achte an dieser Stelle auf die weitere Entwicklung diverser App-Angebote, die aus meiner Sicht in den kommenden Jahren den Steuerberater für Einzelpersonen ersetzen werden. Auch die neuen Möglichkeiten eines sog. „SteuerAbrufs" solltest du nutzen, um dir den Aufwand zur Erstellung deiner Steuererklärung zu verringern.

Dein erstes Auto

Für viele wird es nach der Schulzeit auch zum allerersten Mal notwendig ein eigenes Auto zu besitzen, um flexibel zur Arbeitsstätte zu kommen. Daher kaufen die meisten zu diesem Zeitpunkt ihres Lebens ihr erstes eigenes Auto. Wer sich mit Autos generell nur wenig oder gar nicht auskennt, sollte stets eine Person aus dem Familien- oder Freundeskreis mitnehmen, die sich mit dem Thema grundlegend auskennt. Schnell entpuppt sich auch hier ein vermeintliches Schnäppchen als Albtraum oder Bastelbude, die einen nachhaltig teuer zu stehen kommt. Dabei muss man kein KFZ-Experte sein, um einen sog. „Grundcheck" durchführen zu können. Dieser kann dich durchaus davor bewahren einen Fehlkauf zu tätigen, weshalb ich im Folgenden für dich einen kleinen 4-Punkte-Ratgeber in puncto „Auto-Checkliste für den Gebrauchtwagenkauf" geschrieben habe.

Folgende Dinge solltest du bei der Prüfung eines Autos immer beachten:

Schritt 1: Äußerer Zustand prüfen

Wie ist der äußere Zustand des Autos? Gibt es Beulen oder Kratzer?

Zur Prüfung des Autos auf Kratzer bzw. Beulen sollte das Auto auf jeden Fall trocken und nicht von Regentropfen übersäht sein. Steht das Auto im Regen oder sind zahlreiche Regentropfen noch auf der Karosserie zu erkennen, können Kratzer und kleine Dellen bzw. Beulen mit bloßem Auge nicht erkannt werden. Prüfe daher ein Auto stets in trockenem Zustand.

Gibt es Anzeichen, dass bestimmte Karosserieteile ausgetauscht worden sind?

Meist stimmt in diesem Fall das sog. Spaltmaß nicht mehr. Ein Spaltmaß ist der Abstand zwischen zwei Karosserieteilen, z. B. einem Kotflügel und einer Motorhaube. Überprüfe daher aufmerksam alle Spaltmaße an der äußeren Karosserie. Solltest du unterschiedliche Spaltmaße finden, deutet dies auf einen Unfall hin und sollte vom Verkäufer angegeben worden sein. Gespachtelte Karosserieteile können mit einem leichten Magneten identifiziert werden, da Spachtelmasse im Gegensatz zu den gängigen Metallen nicht magnetisch ist. Auch hiermit können kleinere Reparaturen schnell und unkompliziert identifiziert werden.

Prüfe ebenfalls die Außenfarbe auf eventuelle Lackierarbeiten. Auch Laien fällt es schnell auf, wenn bestimmte Bauteile nicht ordnungsgemäß lackiert worden sind. Auch unter der Motorhaube solltest du schwer zugängliche Karosserieteile auf ihre Farbe hin überprüfen. Meist werden bei einer nachträglichen Lackierung nur die sichtbaren Bauteile neu lackiert. Findest du also eine andere Farbe unter der Motorhaube oder unter dem Kofferraumboden, wurde das Auto definitiv schon mal lackiert.

Grundsätzlich sind Reparaturen an der Karosserie kein Kaufhindernis, sie sollten allerdings vom Verkäufer angegeben werden und sich im Verkaufspreis positiv für dich bemerkbar machen. Unfallschäden mindern den Wert eines Autos i. d. R. erheblich. Berücksichtige auch, dass sich Unfallfahrzeuge auch wieder schwerer verkaufen lassen.

Schritt 2: Blick unter die Haube

Zum einen solltest du den Öldeckel kurz abheben und überprüfen, ob Schaum an der Unterseite des Öldeckels erkennbar ist. Wenn ja, deutet dies auf eine Undichtigkeit zwischen Ölkammer und dem Kühlkreislauf des Motors hin. In diesem Fall solltest du Abstand vom Kauf nehmen, da eine Reparatur direkt notwendig ist und auch bei älteren Autos recht teuer werden kann.

Des Weiteren solltest du im unteren Bereich des Motorraumes direkt hinter der Stoßstange darauf achten, ob ein ehemaliger Unfall aufgrund von verformten Bauteilen zu erkennen ist oder alle Bauteile unbeschädigt aussehen. Auch hier kann ein nicht angegebener Unfallschaden schnell erkannt werden.

Ein weiterer Hinweis auf einen korrigierten Schaden sind die Nieten an den Karosseriebauteilen. Sehen diese deutlich „neuer" aus als das Karosseriebauteil selbst oder sind diese im Gegensatz zum Karosseriebauteil unlackiert aus, kannst du hier ebenfalls eine Reparatur eindeutig erkennen.

Das Alter des Autos hinterlässt auch seine Spuren unter der Motorhaube. Hier ist es sogar von Vorteil, wenn der Verkäufer keine Motorwäsche vorgenommen hat, da du Undichtigkeiten bei einem verstaubten Motor deutlich besser erkennen kannst, als bei einem gewaschenen Motor.

Es ist somit nicht unbedingt ein Kaufargument, sollte dir der extrem saubere Motor ins Auge fallen. Hier könnte der Verkäufer eher über eine Undichtigkeit am Motor hinwegtäuschen wollen. Vor allem auf Undichtigkeiten an den Bauteilschnittstellen am Motor (Ölaustritt) solltest du achten. Dabei ist ein leichtes „Schwitzen" (leichter öliger Film auf der Außenseite des Motors) nicht schlimm. Tritt jedoch an den Bauteilschnittstellen eine erhebliche Menge Öl aus, muss dies zeitnah über eine Reparatur behoben werden.

Schritt 3: Technik checken

Ich rate jedem dazu eine Probefahrt mit dem ausgewählten Gebrauchtwagen zu machen und vor allem auf die Geräusche des Autos zu achten. Wer ein ungewöhnliches Schleifen oder Klopfen wahrnimmt, sollte die Ursache klären oder direkt vom Kauf dieses Autos absehen. Dabei solltest du bei der Probefahrt möglichst alle Verkehrsmanöver einmal durchgehen (u. a. Beschleunigen, Lenken, Bremsen), um alle Beanspruchungen eines Autos einmal durchzuspielen.

Zusätzlich solltest du alle üblichen Funktionen, die über den Innenraum zu schalten sind, überprüfen. Hierzu gehören u. a. Licht anschalten, Blinker betätigen, Hupe testen, Sitzheizung oder generell die Innenraumheizung anschalten, Klimaanlage prüfen (schlechte Gerüche sind ein Zeichen, dass die Klimaanlage lange nicht benutzt worden ist oder eine Wartung wieder fällig wäre) und das Verstellen der Sitzposition. Hier sollte jeder Mangel in die Preisverhandlung mit einfließen und geklärt werden, welche Reparaturkosten auf dich zukommen.

Schritt 4: Zustand der Verschleißteile prüfen

Du solltest stets auch auf die üblichen Verschleißteile (vor allem Reifen und Bremsen) achten und prüfen, ob diese noch in einem guten Zustand sind. Reifen sollten nicht zu alt sein (Herstellungsmonat und -jahr stehen auf der Außenseite der Reifen) und noch eine ausreichende Profiltiefe (min. 5 mm) bieten. Die Bremsscheiben sollten keinen ausgeprägten Rand aufweisen (kann man mit dem Finger einfach erfühlen), da dieser ein Hinweis auf eine starke Abnutzung ist. Ebenfalls zu erkennen bzw. zu erfühlen ist die noch vorhandene

Stärke der Bremsbeläge. Diese sollte min. 5 mm betragen, um je nach Fahrweise noch 1 bis 2 Jahre ohne Bremsbelagswechsel auszukommen.

Zusätzlich solltest du das Scheckheft und alle gängigen Prüfzeichen (u. a. TÜV) auf ihre Aktualität prüfen. Ein durchgängig gepflegtes Scheckheft ist vor allem für den Wiederverkauf von großer Bedeutung. Fehlende Inspektionen führen meist zu einer Wertminderung des Autos, da bestimmte Folgeschäden aufgrund einer unregelmäßigen Wartung nicht auszuschließen sind. Eine TÜV-Prüfung kostet heutzutage gut 100 € und muss bei der Entscheidung mit einbezogen werden. Autohändler übernehmen gerne im Zuge einer Preisverhandlung die Aktualisierung des TÜV-Siegels.

Und nun noch ein paar Worte zum Thema Preis und Sicherheit. Gebrauchtwagen werden meist von Privatpersonen etwas günstiger angeboten, als von freien Gebrauchtwagenhändlern oder Autohäusern bekannter Marken. Ein Grund hierfür ist jedoch, dass Autohändler auf Gebrauchtwagen meist eine Garantie von 1 bis 5 Jahren anbieten. Der Kauf eines Gebrauchtwagens vom Autohändler ist somit generell sicherer, als von einer Privatperson. Vor allem bei teuren Bauteilen, wie z. B. Getriebe oder Motor, greifen die meisten Gebrauchtwagengarantien und kommen für den Schaden auf. Diese Sicherheit kann eine Privatperson beim Autoverkauf nicht bieten. Es verbleibt also immer ein nicht einschätzbares Restrisiko beim Kauf von Privatpersonen.

Um eine Preiseinschätzung zu bekommen solltest du auf den bekannten Gebrauchtwagenseiten im Internet (wie z. B. „autoscout24.de" oder „mobile.de") viele Anzeigen und Preise vergleichen, um selbst eine Einschätzung zu bekommen, ob ein Verkaufspreis gerechtfertigt ist oder nicht. Viele Online-Plattformen haben mittlerweile eine eigene Kosteneinschätzung in ihre Angebotsanzeige integriert. In einfachen Ampelfarben wird dir sofort angezeigt, wie ein angebotener Verkaufspreis einzuordnen ist; „Top Angebot", „Gutes Angebot", „Faires Angebot", „Etwas Teuer" oder „Teuer" (Bsp.: autoscout24.de).

DEINE TAKE HOME MESSAGE

Ich wollte dir am Ende dieses Buches eine Zusammenfassung bieten, die dir ohne lange Zusatzerläuterungen die wichtigsten Punkte aus dem Buch nochmals übersichtlich darlegt. Somit kannst du die wichtigsten Punkte nochmals in Kurzform durchgehen, um nachhaltig die beschriebenen Informationen für dein Leben zu nutzen. Zur leichteren Verständlichkeit habe ich die Reihenfolge und Struktur der Themen beibehalten, um dir ein eventuell notwendiges Nachlesen zu vereinfachen. Zukünftig musst du somit nicht mehr das ganze Buch lesen, sondern kannst „Deine Take Home Message" zum Auffrischen deiner Gedächtnislücken nutzen.

Deine Lebensbausteine

Dein Leben basiert auf den wichtigen Lebensbausteinen Familie, Gesundheit, Bildung, Arbeit, Finanzen, Wohnen und Schutz. Im vorliegenden Buch habe ich dir ein Grundwissen primär zu deinen Lebensbausteinen Bildung, Arbeit, Finanzen, Wohnen und Schutz vermittelt, das dir in deinem jetzigen Lebensabschnitt nach deinem Schulabschluss weiterhelfen soll. Alle anderen Lebensbausteine sind zwar essentiell wichtig für dein Leben, sind aber je nach Person so unterschiedlich einzuordnen, dass ich in diesem Buch (auch weil ich zu diesen Themen selbst kein Experte bin) davon abgesehen habe näher auf diese Themen einzugehen. Solltest du aber Fragen haben zu den Themen Weiterbildungsmöglichkeiten, Jobsuche, Geld verdienen und zielgerichtet anlegen, Versicherungen und erste eigene Wohnung bzw. erstes eigenes Auto, dann solltest du die jeweiligen Kapitel dir nochmals durchlesen.

Deine Weiterbildung

Bildung endet nicht mit deinem Schulabschluss ist die wichtigste „Take Home Message" für dieses Kapitel. Heutzutage ist es aufgrund der digitalen Möglichkeiten extrem einfach geworden von überall auf der Welt auf Wissen zuzugreifen. Nutze diese Möglichkeiten und suche bewusst nach Angeboten zu Zusatzqualifikationen. Bleib wissbegierig in deinem Leben und verschaffe dir stets vor jeder wichtigen Entscheidung eine aktuelle und ausreichende Entscheidungsgrundlage.

Dabei befindet sich jedes Thema auf dieser Welt im ständigen Wandel, sodass du auch deine Bildung ständig updaten solltest. Hinterfrage auch bestimmte Quellen und auch manchmal die Aussagen deiner eigenen Eltern die, ohne böswillig sein zu wollen, auch nicht immer den Zahn der Zeit treffen. Ein guter Bildungsstandard wird zukünftig immer wichtiger, um erfolgreich durchs Leben zu schreiten.

Dabei bin ich der Meinung, dass jeder für bestimmte Themen brennt und sich diesbezüglich gerne weiterbildet, ohne einen Zwang zu verspüren. Oftmals ist es in der Jugend schwer zu verstehen, warum Lernen so wichtig ist und warum auch ein Grundwissen über unbeliebte Themen für das spätere Leben hilfreich ist. Deine Bildung und dein Engagement zur Weiterbildung entscheiden federführend über dein weiteres Leben und deine Möglichkeiten in der heutigen und zukünftigen Arbeitswelt. Höre auf dein Herz und deine Stärken, nutze aber auch dein Gehirn und deinen Verstand, um bestimmte Entscheidungen im Bereich „Bildung & Beruf" sinnvoll und zielgerichtet treffen zu können.

Dein erster Job

Ob eine Ausbildung oder ein Studium die bessere Wahl für dich ist, kann und möchte ich nicht mit diesem Buch abschließend beantworten. Dennoch habe ich dir im Kapitel „Dein erster Job" wichtige Punkte zur Entscheidungsfindung für dich erläutert. Ich rate jedem dazu ein Auslandsjahr einzulegen, wenn man es selber und vor allem für die eigene Weiterbildung nutzen möchte. Ein Auslandsjahr ist, wenn man es sinnvoll nutzt und gut plant, immer eine Bereicherung fürs spätere Leben und auch für den späteren Beruf.

Außerdem habe ich dir aufgezeigt, dass ein Studium nicht per se die bessere Wahl ist und vor allem nicht automatisch mehr Gehalt verspricht. Eine gute Ausbildung in Kombination mit einer zielgerichteten Weiterbildung oder einer Unternehmensgründung kann durchaus zu einer persönlichen Erfolgsgeschichte werden.

Achte darauf, dass du für bestimmte Berufe eine festgelegte Ausbildung benötigst und schlage diesen Weg früh genug ein, um deinen Traumberuf später ausüben zu können. Solltest du also Professor an einer Universität werden wollen, musst du vorher studiert und am besten auch eine Promotion erfolgreich absolviert haben.

Scheue dich aber nicht eine getroffene Entscheidung zu revidieren. Wer in seiner Ausbildung oder in seinem Studium merkt, dass er für das Thema nicht brennt und mit Bauchschmerzen morgens aufsteht, sollte sich nicht schämen, diese Entscheidung zu korrigieren. Viele erfolgreiche Persönlichkeiten haben keinen perfekten Lebenslauf, sondern haben von ihrer mutigen Entscheidung profitiert frühzeitig den eigenen Lebenslauf korrigiert zu haben. Wer im Zuge eines Bewerbungsgesprächs eine solche Korrektur offen und mutig erklärt, wird in den meisten Fällen kein negatives, sondern eher ein positives Feedback bekommen.

Achte bei deiner Wahl für eine bestimmte Ausbildung oder für ein bestimmtes Studium auch auf die Breite der Jobmöglichkeiten. Bestimmte Ausbildungen oder Studienfächer erlauben ein viel breiteres Berufsspektrum. Dies kann zu einem entscheidenden Vorteil werden, wenn aus persönlichen Gründen ein Ortswechsel oder ein Jobwechsel ansteht. Menschen mit einer breit aufgestellten Ausbildung haben es demnach einfacher einen Job zu finden, als Menschen mit nur einer spezifischen Ausbildung oder einem spezifischen Studienabschluss (BWL = breite Jobmöglichkeiten vs. Architekturstudium = begrenzte Jobmöglichkeiten).

Abschließend gebe ich dir den Rat vor allem neue Berufsfelder zu beachten. Die Digitalisierung zeigt gerade enorme Auswirkungen auf die Arbeitswelt. Zahlreiche (alte) Berufe werden langfristig verschwinden, dafür werden vollkommen neue Berufe erschaffen. Solltest du an dieser Stelle deine Eltern um Rat fragen, werden sie dir nicht wirklich weiterhelfen können.

Die Arbeitswelt wandelt sich seit Jahren enorm, sodass bestimmte Berufe gerade erst geschaffen werden und enorm an Einfluss gewinnen. Hier lohnt es sich, sich weiterführend zu informieren, um bei der Frage nach dem passenden Job am Zahn der Zeit zu sein und nicht veralteten Ansichten zu folgen. Prüfe stets neben der reinen Frage „Für welchen Job würdest du brennen?" auch die Fragen „Reicht das Gehalt für meine persönlichen Lebensträume?" und „Wie zukunftssicher ist dieser Job?".

Deine Finanzen

Als kurze Zusammenfassung dieses Kapitels möchte ich dir eine kleine Auflistung zum Thema „Finanzen" an die Hand geben, die die wichtigsten Punkte beinhalten:

- Streue dein Vermögen zielgerichtet auf mehrere Anlagearten, um deine Risiken zu minimieren und Chancen zu nutzen
- Jede Geldanlage untersteht dem Gegensatz „Risiko vs. Rendite", daher sollte dir klar sein, dass mit einer hohen Renditeaussicht auch meist ein hohes Risiko einhergeht
- Nutze „neue" Anlagemöglichkeiten, wie z. B. Aktien, um renditeorientiert an deinem Vermögensaufbau zu arbeiten
- Die Gesetzmäßigkeiten verändern sich ständig – vertraue daher nie ausschließlich der Meinung deiner Eltern, sondern informiere dich stets, um die aktuellen Möglichkeiten (neue Geldanlagearten, neue Services/Apps, etc.) nutzen zu könen

- Sichere mit soliden und risikoarmen Geldanlagen deine Lebensgrundlage, um nie dem Risiko eines Totalausfalls ausgeliefert zu sein
- Schütze, was dir persönlich wichtig ist und sorge für langfristige Sicherheit (auch für dein Rentenalter - Stichwort: private Altersvorsorge)

Deine Versicherungen

Ich habe dir im Kapitel „Deine Versicherungen" die gängigsten Versicherungsarten beschrieben. Hierzu zählen:

- Krankenversicherung
- Private Haftpflichtversicherung
- Berufsunfähigkeitsversicherung
- Zahnzusatzversicherung
- Hausratversicherung
- KFZ-Versicherung
- Rechtsschutzversicherung
- Rentenversicherung
- Lebensversicherung
- Reiseversicherung

Neben der reinen Erläuterung der Versicherungsarten habe ich dir auch meine Einschätzung mitgeteilt und begründet, warum ich bestimmte Versicherungen für notwendiger halte, als andere. Als wirklich notwendig halte ich neben den obligatorischen Kranken-, Renten- und KFZ-Haftpflichtversicherungen vor allem eine private Haftpflichtversicherung und eine Berufsunfähigkeitsversicherung. Alle weiteren Versicherungsarten müssen auf die Sinnhaftigkeit für jeden einzelnen hinterfragt werden - auch bei dir. Wäge stets ab, mit welcher Wahrscheinlichkeit das betreffende Ereignis in deinem Leben möglich sein kann (Risikoeinschätzung) und wie hoch die zu zahlenden Versicherungsbeiträge für den Schutz im Verhältnis hierzu sind. Abschließend möchte ich dir raten die neuen Service-Apps zu prüfen, da diese dir schnell und unkompliziert zu diesem Thema weiterhelfen können.

Deine erste Wohnung

Der wichtigste Rat bei der Wohnungssuche ist, die Suche breit aufzustellen; d. h. möglichst alle verfügbaren Kanäle intensiv zu nutzen (Online-Wohnungsportale inkl. Alarmierungsfunktion, Ebay-Kleinanzeigen, regionale und überregionale Zeitungen, lokale Aushänge, online Gruppen und Foren, jegliche private und berufliche Kontakte).

Achte beim Mieten einer Wohnung immer auch auf die Höhe der Kaution und prüfe, ob du die Kautionszahlung auf drei Monate aufteilen darfst. Außerdem solltest du bei der Wahl, wie die Kaution übergeben oder hinterlegt wird, auf eine ordnungsgemäße Dokumentation wertlegen. Die Kaution darf nicht in das Vermögen des Vermieters übergehen!

Prüfe auch stets die Angaben der jährlichen Nebenkostenabrechnung. Nicht alle Kosten dürfen vom Vermieter auf den Mieter abgewälzt werden. Hier lohnt es sich zu informieren und ggf. den Kontakt zum Vermieter aufzunehmen. Auch die Grundrissfläche solltest du überprüfen und die gemachten Angaben des Vermieters kontrollieren. Auch hier können versteckte und unberechtigte Mehrkosten auf dich zukommen, gegen die du dich wehren solltest. Prüfe stets die Rechtsgrundlage und deine Angaben, bevor du deinen Vermieter zu einer Stellungnahme aufforderst.

Zudem solltest du immer eine Wohnungsbesichtigung durchführen, bevor du einen Mietvertrag unterschreibst. Auch dies ist in den beliebten Großstädten teilweise nicht mehr selbstverständlich aufgrund der herrschenden Wohnungsnot.

Dein Sonstiges

Im Kapitel „Dein Sonstiges" bin ich noch auf die Themen „Steuererklärung" und „Dein erstes Auto" ausführlich eingegangen. Bei der Steuererklärung kann ich dir nur raten die immer besser werdenden Software-Lösungen zu nutzen (ggf. auch neue Apps). Bis zu einem bestimmten Grad kann jeder mit Hilfe dieser Tools seine Steuererklärung selbst anfertigen und an das Finanzamt übermitteln. Wer allerdings komplizierte Vermögens- und Besitzverhältnisse hat, sollte ggf. einen Steuerberater hinzuziehen und nicht versuchen alle notwendigen Hintergründe und Paragraphen selbst zu kennen.

Zum Thema „Dein erstes Auto" habe ich dir einen 4-Punkte-Ratgeber beschrieben, der dich in die Lage versetzt selbst einen Grundcheck beim Gebrauchtwagenkauf durchzuführen. Dieser sollte dich davor bewahren einen schmerzhaften Fehlkauf zu machen. Wenn du diese Punkte beherzigst und ggf. noch einen Freund oder Bekannten mit einer gewissen Autoexpertise mitnimmst, bin ich mir sicher, dass dein erster Autokauf auch ein Erfolg wird.

Meine Vorgeschichte - Die Entstehung des Buches

Natürlich kann man sich all das geschriebene Grundwissen stückchenhaft und nur bei Bedarf selbst beibringen, jedoch ist dieser Weg deutlicher anstrengender, als dieses Grundwissen über einen kompakten Ratgeber schnell aufzusaugen. Also hatte ich schon immer das Bedürfnis und die Idee zu diesen Themen ein Buch zu schreiben, um meine Erfahrungen und mein Grundwissen weiterzugeben.

Als ich damals am Ende meiner Schulzeit war, hatte ich nicht wirklich das Gefühl auf das wahre Leben vorbereitet zu sein. Dabei ging es mir nie um die „vermessene" Haltung alles zu wissen und auf alles im Leben vorbereitet zu sein, sondern viel mehr bemerkte ich schnell, dass mir zu bestimmten lebenswichtigen Themen einfach ein Grundwissen fehlte.

Mein damaliges Gymnasium verlangte von allen Schülern in der Oberstufe ein 6-wöchiges Praktikum zu absolvieren, um im besten Falle mal in den Wunschberuf reinschnuppern zu können. Zudem gab es wenige Einzelveranstaltungen, zu denen ein Gast eingeladen wurde, der seine berufliche Karriere vorstellte, um für seinen Beruf und seine Branche zu werben.

Hängengeblieben ist mir nur ein Mechatroniker, der von den beruflichen Möglichkeiten schwärmte, die die neue Studienrichtung „Mechatronik" (Kombination aus Maschinenbau und Elektrotechnik) z. B. an der Universität Saarbrücken bietet. Wer sich davon angesprochen fühlte dachte darüber nach, der andere Teil der Schüler war sichtlich vom Vortrag gelangweilt.

Somit blieb bei mir die Frage, welche Ausbildung oder welches Studium ich machen sollte. Meine Eltern wollten mich stets dabei unterstützen den vermeintlichen „richtigen" Weg einzuschlagen, hatten jedoch auch kein Wissen über die aktuellen und vor allem die neuen Möglichkeiten im Bereich Weiterbildung (Ausbildung- und Studienmöglichkeiten). Der Satz „Mache das, was dir Spaß macht und was du gut kannst" stimmt einen zwar mutig, beinhaltet aber keineswegs eine gut überdachte Entscheidung. An dieser Stelle war ich in meiner persönlichen Entwicklung selbst noch nicht weit genug, um mich dem Thema verantwortungsbewusst zu widmen.

Natürlich sollte man nach der Schulzeit seine Stärken kennen und ungefähr wissen, wofür das eigene Herz schlägt. Man sollte jedoch auch die aktuellen Jobmöglichkeiten und vor allem die aktuellen Jobaussichten bei der Entscheidungsfindung, welche Ausbildung oder welches Studium am besten zu einem passt, berücksichtigen. Nicht jeder Traumjob ist gut bezahlt und nicht jeder Traumjob ist krisensicher, geschweige denn zukunftssicher. Zudem bieten einige Ausbildungs- bzw. Studienfächer eine viel höhere berufliche Breite, als andere.

Wer sich spezialisiert kann in seinem Spezialgebiet extrem erfolgreich werden, läuft jedoch auch schnell Gefahr in der „Jobsackgasse" steckenzubleiben und muss sich ggf. mit Umschulungen über Wasser halten. Vielen meiner Schulkameraden ist es so ergangen und viele mussten ihre erste Entscheidung korrigieren oder bereuen ihre erste Entscheidung bis heute.

Wer seine Bildungs- und Jobmöglichkeiten nicht kennt läuft einfach sehr schnell Gefahr eine falsche Entscheidung zu treffen. Oftmals wird aus dem Bauch heraus diese lebenswichtige Entscheidung getroffen. Viele beginnen daher auch erstmal ein Studium (meist ein Lehramtsstudium), ohne dass sie genau einschätzen können, ob sie überhaupt ein pädagogisches Talent haben. Tragisch wird es dann, wenn eine Person für sich erkennt, dass die gewählte Ausbildung oder das gewählte Studium nicht passt und sie die Situation dennoch nicht ändert.

Viele akzeptieren diese Situation dann sehr schnell und geben sich damit zufrieden. Schließlich hat man ja einen Job und bekommt regelmäßig ein ordentliches Gehalt dafür. Unzufriedenheit ist in den meisten dieser Fälle aber vorprogrammiert und führt zu Spannungen in zahlreichen Beziehungen, Ehen und Familien.

Daher rate ich dir deine Berufsentscheidung sorgfältig und auf Grundlage aller aktuell bekannten Faktoren zu treffen. Höre zum einen Teil auf dein Herz, aber auch zum anderen Teil auf deinen Verstand und auf die Faktenlage hinsichtlich Gehaltsaussichten, Aufstiegschancen, Ortsbindung, Familienfreundlichkeit, Arbeitszeiten und Zukunftssicherheit. Ziehe auch Berufe in Betracht, die zwar vollkommen neu sind, aber perspektivisch eine hohe Zukunftssicherheit versprechen.

So erging es mir auch zum Thema „Finanzen". Meine Eltern haben mich stets sparsam erzogen und vertrauten vornehmlich auf das sichere Sparkonto, anstelle auf risikobehaftete Geldanlagen, wie z. B. Aktien. Dieser Weg ist und war nicht per se falsch und hat das Leben meiner Eltern finanziell gesichert. Rückblickend leben meine Eltern ein perfekt bürgerliches Leben, das größtenteils auf Fleiß beruht und einen hohen Stellenwert auf die Familie legt.

Meine Eltern waren aber daher auch selbst keine Finanzexperten und konnten mich zu diesem Thema nicht wirklich beraten. Dies gilt auch für den Lehrplan meiner Schule. In keinem einzigen Unterrichtsfach wurde das Thema Finanzen und vor allem die Möglichkeiten sein Geld sinnvoll anzulegen behandelt. „Das sei ja ein Thema für die Eltern und nicht Aufgabe der Schule". Neben dem Thema „Berufswahl" wird man als junger Erwachsener auch zum Thema „Finanzen" im Regen stehen gelassen, weshalb ich auch hierzu ein Schwerpunkt in diesem Buch legen wollte.

Das dritte große Fragezeichen hatte ich persönlich auf der Stirn beim Thema „Versicherungen". Mein Vater hatte sich in meiner Jungend darum gekümmert, dass meine Gesundheit über eine Krankenversicherung und vorkommende Schäden an dritten Personen über eine private Haftpflicht finanziell abgesichert waren. Ich hatte jedoch absolut kein Grundwissen zum Thema Versicherungen und habe mir das Wissen immer bei Bedarf aneignen müssen. Mal wurde ich über eine Infobroschüre darauf hingewiesen, dass eine bestimmte Versicherungsart für mich doch ratsam wäre, mal nahm ich die Info aus einem Gespräch mit einer Person aus dem persönlichen Umfeld auf.

Stets informierte ich mich unabhängig und meist online über die Notwendigkeit der ein oder anderen Versicherung und kaufte meist einen Bericht zu einem Versicherungsvergleich, um zu entscheiden welche Versicherungsgesellschaft zu mir passen am besten würde.

Einige Versicherungen hatte ich mal für einige Zeit und entschied mich dennoch aufgrund einer Lebensveränderung diese Versicherung zukünftig nicht mehr zu behalten. Es ist stets ein persönliches Abwägen von Risiko zur Höhe der verlangten Versicherungsbeiträge. In diesem Buch habe ich dir daher grundlegend erklärt, welche Versicherungsarten es gibt und welche ich für wirklich relevant halte.

Abschließend dachte ich darüber nach, welche Themen neben den genannten Hauptthemen mich in meinem jungen Leben auch beschäftigten und zu welchen ich auch einen kurzen Ratgeber gebraucht hätte. Also entschied ich die Themen „erste eigene Wohnung" und „erstes eigenes Auto" ebenfalls mit aufzunehmen und meine Erfahrungen zu diesen Themen festzuhalten und mit diesem Buch an dich weiterzugeben.

Beide Themen sind zwar auf den ersten Blick nicht allzu kompliziert, aber bestimmte Fehler werden immer wieder gemacht und dies meist aus Unwissenheit. Daher dachte ich, dass ein Kapitel auch auf diese Themen grundlegend eingehen sollte, um dich vor manchen Fehlern in deinem Leben zu bewahren.

Ich hoffe sehr, dass ich deine Erwartungen an dieses Buch erfüllen konnte und dass einige Informationen für dich und dein Leben wichtig sein werden. Sollte dies der Fall sein, dann hat sich für mich das Schreiben dieses Buches bereits gelohnt!

Ich wünsche dir für dein Leben und deine Entscheidungen nur das Beste!

Dr. Andreas Koch